« RÉPONSES »

Collection dirigée par Joëlle de Gravelaine

GENEVIÈVE BERSIHAND

LES FILLES ET LEURS PÈRES

ÉDITIONS ROBERT LAFFONT
PARIS

ISBN 2-221-04650-1

A ma sœur.

« Que disais-tu ?
Tu me parlais d'un amour si lointain
Qu'il rejoignait ton enfance. »

René CHAR.

REMERCIEMENTS

Je voudrais remercier tout d'abord tous ceux et celles qui ont accepté de répondre à mes questions et qui m'ont parlé franchement et simplement de leurs relations avec leur fille ou avec leur père. Leur récit forme la matière de ce livre.

Je remercie mes amis Charlette et Jean Poilleux, Marcel et Marie Dupertuis dont la constante amitié, les encouragements et les conseils m'ont été précieux.

Je remercie également le Dr P. Solié et le Dr Floresco de la gentillesse avec laquelle ils m'ont répondu; enfin je tiens à remercier tout particulièrement Joëlle de Gravelaine, ma directrice de collection, pour la patience, l'amitié et la confiance qu'elle m'a témoignées.

SOMMAIRE

Il est midi. Dehors c'est la chaleur presqu'accablante d'un beau jour de juillet. J'essaye d'écrire sans savoir où je vais, l'esprit traversé de tant de pensées diverses qui me tirent à hue et à dia que je me demande si je vais finir par rassembler tout ce que j'ai déjà écrit en un tout cohérent.

C'est une sorte d'inquiétude diffuse qui s'insinue en moi, qui a pour premier effet de m'éloigner de la table où je travaille. En vérité, j'ai peur de m'attaquer de front à un sujet aussi brûlant pour moi. Je ressemble à un alpiniste qui redouterait d'approcher la montagne que cependant il s'est juré de vaincre. Il prépare son matériel ; il s'entraîne, il observe de quel côté l'escalade sera la plus facile, il commence l'ascension puis décide de s'arrêter pour recommencer ailleurs, sur une face qui lui apparaît plus favorable ou bien il renonce ce jour-là à cause du mauvais temps.

Bref, je recule par toutes sortes de stratagèmes qui sont autant de conduites d'évitement, le moment fatidique où il faudra que j'affronte pour de bon le géant redoutable qui a dominé ma vie d'enfant et qui a eu une telle influence sur ma vie d'adulte.

Les heures sonnent au clocher tout proche, aucun bruit ne se fait entendre dans la grande maison qui tient de la forteresse et du cloître, à la fois protectrice et écrasante, lieu de paix où l'on peut se détendre mais aussi prison dont il faut se défendre et déjà je rêve d'évasion. Déjà par moments elle me pèse comme la gueuse au cou d'un homme qui se noie, comme une pierre tombale sur la poitrine. La mort est là qui rôde, à la fois redoutable et attirante puisqu'elle est résolution de tous les conflits, retour à la fusion originelle, le piège haï et adoré.

Est-elle tout cela cette maison paisible, amicale, qui m'a adoptée tout de suite?

De ma fenêtre je peux distinguer dans la brume de beau temps qui les voile, les monts du Forez que j'ai regardés tant de fois de mes yeux d'enfant puis d'adolescente. Est-ce un hasard si c'est ici que je viens écrire ce livre sur la relation entre père et fille, dans ce lieu si fortement imprégné par les traces de mon père, hanté par son fantôme qui surgit soudain au bord d'un champ, au détour d'un chemin, à l'angle d'un bois ou de la ferme voisine. Je suis arrivée en effet à l'âge où le monde des vivants se double de celui des morts comme si à l'arrière-plan bougeaient sans bruit les ombres de ceux qu'on a aimés. Parmi elles, celle de mon père est sans doute la plus dense.

Dans tout ce qu'il m'a apporté, j'ai du mal à distinguer ce qui fut bénéfique de ce qui fut maléfique tant les deux sont intriqués. Or ne devient-on pas adulte à part entière seulement lorsqu'on a effectué ce tri, lorsqu'on a séparé de l'héritage ce qui alourdit de ce qui peut servir afin de sortir de la gangue serrée de l'enfance comme pois de sa cosse après l'épluchage patient et lent qui rejette ce qui est pourri, véreux ou avorté, pour conserver seulement ce qui est bon pour se nourrir, aller de l'avant, navire délesté de tout ce qui l'encombre? Tâche ardue qui parfois prend toute la vie et même parfois, ne s'effectue jamais tant il est difficile de regarder objectivement celui qui nous fut si proche en ne gardant de l'amour que la tendresse et non la haine qui autant que l'amour est piège dont on ne sort.

Un père a pour sa fille, ou pour ses filles, une présence en trop ou en moins, une place pour tout dire, dont on n'a peut-être pas jusqu'ici cerné l'importance dans l'élaboration de l'identité féminine.

Certaines des femmes n'ont jamais osé ni même songé — c'est pareil — porter un regard critique sur l'idole de leurs jeunes années parce qu'il leur serait insupportable de la détruire, parce que l'illusion d'une enfance heureuse auprès de parents entièrement bons leur est indispensable pour vivre, parce qu'à l'intérieur d'elles-mêmes brûlent les bougies devant l'autel des dieux lares et que le monde deviendrait froid et sombre à les éteindre.

A l'inverse, quelques-unes d'entre nous n'ont de leur père qu'une image si floue et si falote qu'elles seraient bien en peine de lui attribuer un rôle dans leur vie. Il en a eu un cependant, par son inconsistance même. Enfin certaines n'ont pas eu de père du tout. Sa trace s'inscrit alors en creux comme dans une sculpture où le vide est aussi important que le plein.

Mais comment s'approcher de ce domaine de l'enfance autrement qu'à pas de loup, furtifs et prudents, pour ne rien détruire des illusions nécessaires à la vie mais seulement celles qui nous assignent des limites trop étroites et nous empêchent de vivre notre propre vie?

Trois moutons noirs dans un pré
tous les trois au poil frisé
l'un a des cornes
c'est un bélier.
Est-ce une comptine pour enfants sages?
Non, un souvenir qui remonte d'un lointain passé comme une bulle qui vient d'éclater à la surface d'une eau immobile.
Je vois des moutons noirs dans un pré
Non, ce n'est pas un pré mais le jardin de notre maison.
Je vois du soleil, beaucoup de soleil, la scène est inondée de lumière.
A droite il y a un rosier rouge qui grimpe sur une sorte de parasol en fer, un de ces rosiers anciens qui reviennent à la mode depuis peu.
En face de moi il y a les moutons attachés chacun à un piquet qu'il faut changer de place régulièrement.
Je dois avoir six ou sept ans, ah non, je confonds tout, c'était plus tard.
Enfin je vois un bélier qui baisse la tête prêt à foncer pour me renverser, je suis morte de peur.
Qu'est-ce qui se passe alors?
Je ne sais pas, j'ai l'impression de me figer sur place, je ne peux plus bouger.
Alors?
Je deviens une pierre qui s'enfonce dans le sol, la terre est meuble, je me replie sur moi-même et je me mets à tournoyer lentement, je m'enfonce de plus en plus. Il fait tout noir, il fait de plus en plus noir, je suis bien, je suis, je crois que je suis morte.
Qu'est-ce qui va se passer maintenant?
Rien. Surtout ne pas bouger. Je suis bien ainsi, je n'ai pas peur, je n'étouffe pas, je suis calme, mon corps est complètement détendu. J'ai l'impression d'être bien au chaud au

fond d'un nid. Je suis terriblement bien, je ne veux plus bouger. Vraiment?
Plus jamais, vraiment plus jamais. Enfin ce n'est pas tout à fait vrai.
Quelque chose s'agite en moi, des fourmillements, des impatiences dans les jambes, pareils aux frémissements qui agitent l'eau avant que le vent se lève.
Une partie de moi se trouve bien, une autre partie a envie de bouger.
Tu es sûre? Cela ne te déplaît pas de rester immobile ainsi comme une larve.
Tu me provoques.
Tu es sûre d'avoir envie de bouger?
Oui. Sinon, je ne serais pas ici.
Comment vas-tu faire, alors?
Je vais me battre. Je ne me laisserai plus impressionner par ce mouton, je lui cognerai dessus.
Vas-y.
Mais tu vas en prendre plein la gueule, tu sais.
Un... deux... trois... à trois tu ouvres les yeux.
C'est comme si on remontait à la surface après une plongée sous-marine avec encore un peu de ce vertige des grands fonds.
Mais le bélier tout noir qui me faisait si peur que j'ai failli renoncer à vivre plutôt que de l'affronter, c'est mon père.

Ainsi dès le début les dés sont jetés: il existe quelque part en moi, dans un coin reculé de mon espace intérieur, un père redouté et redoutable qui ressemble à ce bélier de mon enfance qui m'effrayait tellement et c'est avec cet aspect de lui que j'ai encore un compte à régler aujourd'hui.

Une partie de moi a envie de s'enfuir, une autre me

ramène devant l'obstacle avec l'acharnement que lui-même mettait à ramener son cheval qui se dérobait pour l'obliger à sauter la barre, plus haut placée qu'il n'aurait fallu pour un homme de son âge et de sa corpulence. Il lui arrivait de tomber si lourdement que j'en avais le cœur serré. Si j'ai eu si souvent l'impression d'être double ou même plusieurs, c'est en partie à mon père que je le dois. Il me voulait à la fois fille et garçon et lui-même était à la fois un homme sensible qui pouvait à l'occasion se conduire comme un rustre ou un barbare.

Il me semble qu'il y avait tout cela dans la scène qui s'était dessinée sous mes paupières fermées : les moutons noirs, le soleil, les roses.

Mon père c'était cela, un assemblage contradictoire qui pouvait écraser et séduire, une force aveugle qui fonçait sans souci de vous renverser ou de vous piétiner mais aussi la voix harmonieuse qui disait des poèmes et chantait des airs d'opéra à l'enfant fascinée qui écoutait.

IDYLLE

Il y a au Louvre un tableau de Gérard qui représente le peintre Isabey et sa fille. C'est un tableau charmant où le père tient sa petite fille de six ou sept ans par la main tandis qu'un chien gambade auprès d'eux; une porte dans le fond à droite laisse entrevoir un jardin ensoleillé.

J'aurais aimé une reproduction de cette œuvre pour illustrer ce chapitre tant il exprime mon propos. Ce moment d'entente idyllique entre père et fille qui se situe en général lorsque cette dernière a entre trois et dix ans. C'est naturellement un âge moyen puisque l'idylle peut commencer bien avant et se terminer bien après, en raison des circonstances et du caractère des protagonistes.

Pendant cette période, on peut dire que l'enfant est amoureuse de son père. Elle cherche à lui plaire, elle est innocemment coquette avec lui. Une complicité règne entre eux deux qui les ravit. Lui, le père est fier de sa petite fille, il s'émerveille de sa grâce, de son intelligence, de sa précocité, il s'extasie devant ses mots d'enfant, bref il la voit lui aussi avec les yeux de l'amour.

Quelle femme n'a pas été un jour ou l'autre attendrie par le spectacle d'un père et de son enfant quand celui-ci est petit?

Pourquoi sommes-nous émues et surprises par cette image, nous les femmes, alors qu'une mère avec ses enfants ne nous étonne guère? Elle ne nous surprend pas. Sans doute parce que, du moins jusqu'à présent, — car les choses sont en train de changer —, c'était une image insolite, inattendue dans notre société. Est-ce cette rupture de l'habitude qui nous émeut ou le contraste entre la force virile et la fragilité de l'enfant, surtout quand cet enfant est une fille? Ou peut-être parce que cette vision éveille en nous une nostalgie, celle du temps à tout jamais révolu où nous pouvions marcher main dans la main d'un homme avec cette totale certitude qu'il nous protégerait de tout. Freud ne disait-il pas: « Chez la fille il n'est pas de désir plus grand que celui de protection par le père. »

Pour un temps très court, la petite fille tient en son pouvoir la force et la violence de l'homme, du moins à nous qui les regardons, semble-t-il. Moment de grâce pour lui aussi.

Devant cette enfant l'homme s'abandonne; il se laisse mener par ce petit bout de femme avec laquelle il peut entretenir des relations sans arrière-pensées, des relations légères, qui ne pèsent pas parce qu'elles sont sans danger. Il n'a pas peur de se faire dévorer même quand il cède à ses caprices. Il n'a pas devant elle à faire la preuve de sa virilité et de sa force. Devant ce petit être tout neuf qui le regarde avec admiration et confiance, il n'a rien à démontrer, il est. Il est heureux et aimant. Il y a là tout l'amour sans sa damnation. Pas encore. Elle viendra plus tard. Maintenant il peut jouir simplement de la confiance et de l'admiration qui lui sont données sans partage. Un grand élan lui gonfle le cœur: « ma fille, ma petite fille, ma chérie, mon trésor ». Cette petit boule de chair tendre qui vient se blottir contre lui dans un abandon qui le fait fondre de tendresse et de fierté !

Ils sont loin les affres du désir, les déchirements de la jalousie, le doute et l'angoisse de ne plus être aimé ou de ne plus aimer. Il serre dans ses bras ce petit corps tout à lui. Comme il voudrait éterniser cet instant, ces années qui vont passer si vite, trop vite, et qui sont en même temps les années de sa plus grande force.

Et elle, la petite fille, objet de tant d'amour?

Elle, elle ne pense pas, elle vit. Elle essaye ses jeunes forces sur ce père chéri qu'elle trouve le plus grand, le plus beau, le plus merveilleux des hommes. Si lui est un dieu, elle se sent reine. Quand il la prend dans ses bras, elle regarde le monde de haut. Où trouvera-t-elle jamais cette impression de sécurité totale, dans quels bras pourra-t-elle jamais ainsi se blottir avec tant de confiance ? Pour elle aussi ces moments de plénitude sont comptés mais elle ne le sait pas, bien sûr. Elle avance sur le chemin de la vie avec insouciance, rieuse, la main dans la grande main de son père, petite menotte perdue dans la grande. Lui, sent la fragilité des doigts menus dans les siens — qu'il pourrait écraser si facilement —, son cœur se serre en pensant à tout ce qui attend sa petite fille. Si seulement il pouvait la protéger à jamais de tout mal, de toute atteinte, de la maladie, de la mort, du malheur, sa petite fée, son enfant chérie ! La protéger de la vie en somme. Comme il lui est difficile d'accepter, même en pensée, qu'elle aura elle aussi sa part de peines et qu'il ne pourra rien faire pour qu'elle soit épargnée.

Enfin, pour le moment, ni l'un ni l'autre ne songent à tout cela ; ils jouent. Il lui raconte des histoires le soir pour l'endormir, ravi de voir avec quelle attention, quelle avidité elle l'écoute. Alors il en rajoute, il dramatise, il se transforme en conteur épique, il l'emmène dans des lieux enchantés, il transforme la banalité en féerie, l'horreur en aventures plaisantes, il devient poète pour elle comme les troubadours devant leur dame.

Il n'a pas de plus fidèle auditoire, de plus attentif. Devant ses yeux éblouis il se sent devenir un personnage puissant, heureux, sa poitrine se gonfle de fierté. Quelle femme lui a jamais donné ce sentiment d'être un dieu? Pour elle il est un dieu en effet. Comme Jupiter il peut l'anéantir de ses foudres. Il suffit d'un froncement de sourcils de sa part pour que son univers s'effondre; elle s'enfonce alors dans la nuit. Il est son soleil aux rayons duquel elle s'épanouit.

Elle lui montre ses robes, quête son approbation, prend plaisir à exercer ce pouvoir qu'elle a été prompte à saisir même si elle le sent précaire.

Est-ce tout cela qui nous touche sans que nous y songions quand nous rencontrons un père et sa fille main dans la main, avec peut-être la même émotion ou quelque chose de comparable à celle que nous éprouvons devant les arbres fruitiers en fleurs chaque printemps? L'un et l'autre nous procurent ce sentiment du temps qui passe si vite et de la fragilité des moments parfaits. Devant sa fille-enfant l'homme n'a pas peur.

Mais ce tableau idyllique ne correspond pas toujours à la réalité. Certains pères en effet n'osent pas donner libre cours à leurs sentiments et j'en connais qu'une sorte de pudeur retient de laisser paraître leur attendrissement et leur amour. Ils ont l'appréhension d'un contact physique, d'un abandon, dans ce contact avec leur enfant ou que l'expression de leurs sentiments soit interprétée comme l'aveu d'une faiblesse. Pourquoi? Sans doute faudrait-il en chercher la cause dans leur propre enfance. Comment ont-ils été eux-mêmes aimés et caressés. Il y a l'absence de caresses et d'amour, il y a l'amour sans caresses et aussi des caresses sans amour avec ces mains qui ne savent pas transmettre de chaleur quand elles touchent, ces mains malhabiles, maladroites, incapables de communiquer la sécurité et l'apaisement.

Ce qu'un adulte fait à son enfant, sa façon de se conduire avec lui, dépend en grande partie de ce qu'on lui a fait quand il était petit. Soit qu'il répète exactement avec son enfant ce qu'il a subi lui-même, même s'il en a souffert, soit, à l'inverse, qu'il fasse tout le contraire.

Deux façons de se cuirasser contre ce qui l'a blessé. Façons devenues parties intégrantes de lui-même, employées sans se rendre compte qu'elles trouvent leur origine moins dans un quelconque caractère génétique, moins dans un mode d'éducation délibérément choisi, que dans des habitudes prises dès l'enfance en réponse à ces Autres dont il dépendait à l'époque et dont il continue à dépendre.

On trouve là les deux mécanismes de défense décrits par Anna Freud : « l'identification à l'agresseur » dans le premier cas et « la formation réactionnelle dans le second [1] ».

Dans l'un comme dans l'autre cas, l'adulte n'est pas libre, sans le savoir bien sûr. Mais s'il le savait, que ferait-il de plus, le pauvre. Pourrait-il changer son comportement ? De contraint devenir spontané, de réservé expansif, de sévère indulgent sans tomber justement dans l'excès ; à l'inverse, pourrait-il revenir à une néces-

1. Identification à l'agresseur : la personne imite celle dont le comportement l'a fait souffrir. Par exemple, un enfant élevé trop sévèrement deviendra un adulte sévère et rigide qui reproduira avec ses enfants l'éducation dont il a été victime. A moins qu'en réaction il ne soit, au contraire, systématiquement trop indulgent. Dans les deux cas, il n'a aucune conscience de ce qui détermine sa conduite.

saire autorité si l'idée même d'une contrainte hérisse en lui un enfant révolté?

Suffit-il de comprendre pour changer? Changer de peau comme on change de vêtement. Même de vêtement il est difficile de changer. De changer de style, j'entends. Essayez donc de vous habiller autrement que vous en avez l'habitude depuis des années. Essayez par exemple de porter des habits voyants quand vous ne vous sentez à l'aise que dans ce qui passe inaperçu. C'est presque impossible. Nos habitudes vestimentaires nous collent à la peau comme nos façons d'être et de réagir aux événements et aux circonstances de la vie. Nos vêtements nous révèlent et nous cachent, ils font partie de nous. Combien plus encore ces défenses que nous avons mises en place depuis l'enfance, qui à la fois nous déforment et nous aident à vivre. Combien il est difficile de s'en débarrasser pour d'autres plus adaptées comme nous échangerions un costume qui nous engonce contre un ensemble de jersey bien souple où nous pourrions nous détendre. Le corps habitué à être sanglé, serré, se trouvera mal à l'aise dans des vêtements lâches, il ne saura que faire de cette liberté de mouvement, de cette absence de poids et d'entraves et l'inverse aussi est vrai.

Mais rejoignons cette petite fille complice d'un tendre père, nos deux protagonistes filant le parfait amour.

Vous avez dit parfait?

N'y a-t-il aucune ombre au tableau?

Il n'y en a pas, enfin autant qu'une relation entre deux êtres humains peut en être dépourvue, fussent-ils père et fille. Il n'y en a pas si le père ne reporte pas sur sa fille une demande insatisfaite ailleurs, à laquelle l'enfant serait bien incapable de répondre sauf à ses propres dépens.

Un conflit non résolu dans l'enfance maintient en permanence cette demande qui dirige alors imperceptiblement les conduites de l'adulte, les rendant trop chargées d'affectivité à l'égard de ceux qu'il aime, particulièrement de ses enfants.

De son côté, la mère risque de prendre ombrage de l'entente de son mari et de sa fille. Il se peut, en effet, qu'elle ait du mal à supporter leur complicité si elle a l'impression que sa part d'amour s'en trouve diminuée. Impression en partie fondée puisque pendant cette période, la petite fille se tourne normalement vers son père en lui témoignant une préférence flagrante. La jalousie de la mère peut encore être majorée du fait de son incertitude intérieure. En effet, si elle doute d'elle-même, de sa capacité d'être quelqu'un qu'on peut aimer, elle supportera beaucoup plus difficilement le sentiment d'être reléguée au second plan, à la fois par sa fille et par son mari. Une tension latente risque ainsi de s'instaurer dont la petite fille fera les frais parce que, même si pour le moment elle marque une préférence pour son père, elle a toujours autant besoin de l'amour de sa mère. Si elle devine, à des signes impondérables, que celle-ci lui en veut, elle se sentira coupable quoiqu'inconsciemment, rien n'étant jamais perçu clairement ni par conséquent exprimé. Alors l'enfant risque de faire trop tôt l'expérience de la haine, de l'angoisse et de la culpabilité ; tous ces sentiments qui se mêlent en nous lorsqu'il nous semble être en tort envers ceux que nous aimons. Plus nous dépendons d'eux, plus nos réaction sont violentes.

Des parents qui ne s'entendent pas entre eux, qui ne sont pas parvenus à une certaine maturité affective ne favorisent pas l'évolution de leur enfant et la cohésion de leur personnalité. Ils déclenchent en lui par leur comportement, des sentiments violents et contradictoires que le moi de l'enfant n'est pas assez fort pour supporter sans dommage.

Encore une fois, cette relation idyllique dont il est ici question, n'existe pas toujours entre père et fille. Je connais des femmes qui n'en ont jamais fait l'expérience et qui n'ont jamais eu de liens privilégiés avec leur père. Celui-ci a été pour elle un personnage lointain, détaché, indifférent ou encore redouté et haï comme celui d'une jeune femme qui me racontait récemment les punitions et les sévices dont elle avait été l'objet de la part de son père. Pour elle l'idylle est un mot qui n'a pas de sens.

Je songe ici en effet, à toutes ces femmes qui m'ont parlé de leurs relations négatives avec leur père. Leurs visages repassent devant mes yeux avec des expressions diverses : souffrance, regret, dégoût, mépris, haine, lassitude ou fatalisme.

J'entends l'une dire : « Mon enfance, c'était l'enfer ! Je me réveillais la nuit et j'entendais mon père crier. Il se disputait avec ma mère. J'avais peur. C'était presque toutes les nuits. » Une autre : « Certains soirs mon père rentrait à la maison complètement soûl. Il était brutal et provocant. Il battait ma mère et si nous nous trouvions par malheur sur son chemin, il nous battait nous aussi, mes sœurs et moi. Il nous terrorisait. Quand il s'est tué dans un accident, j'ai été contente. Enfin nous allions être tranquilles avec maman. »

Ses yeux s'étaient agrandis en me parlant. On aurait dit qu'elle revoyait les scènes, qu'elle entendait les cris. La vieille terreur, la honte depuis si longtemps enfouies remontaient à la surface ainsi qu'un sentiment de culpabilité d'avoir pu se réjouir de la mort de son père.

Cette autre encore : « Mon père... j'ai l'impression de ne pas en avoir eu. Il n'était jamais là. Quand par hasard il se trouvait à la maison, il ne fallait surtout pas le déranger, si bien que nous souhaitions, nous les enfants, qu'il reparte le plus vite possible. Pour nous c'était un étranger. »

Et celle-ci : « Mon père... Oh, il était ironique et cruel. Il ne m'aimait pas. J'étais sa tête de turc. Jamais il ne ratait une occasion de me rabrouer, de m'humilier, de me dire que j'étais laide et sotte. Jamais je ne trouvais grâce à ses yeux. Je n'ai pas souvenir qu'il m'ait fait un compliment de sa vie. Quand j'ai été en âge de sortir avec des garçons, j'étais incapable de leur adresser la parole, je me sentais gauche, moche et empotée. J'étais sûre qu'aucun d'eux ne pourrait s'intéresser à moi. Quand on me disait que j'étais jolie, je ne pouvais pas le croire. Je croyais qu'on se moquait de moi. » Elle jette un coup d'œil à son mari qui lui sourit. Elle est jolie en effet et apparemment elle a trouvé un homme qui a réussi à lui donner confiance en elle. C'est loin d'être toujours le cas.

Parmi celles qui ont eu cette mauvaise image de l'homme au départ, beaucoup semblent incapables de faire un meilleur choix que celui de leur mère. Elles épousent quelqu'un qui ressemble à leur père, si dissemblable qu'il puisse être en apparence : un alcoolique, un brutal, un cruel, un jaloux, la liste n'est pas exhaustive.

Elles se retrouvent prises comme par hasard, dans ces relations sadomasochistes que, justement, elles auraient tant voulu éviter. Ou encore, elles épousent un homme complètement opposé à leur père : son envers. Ce n'est pas forcément plus heureux, car choisir le contraire c'est toujours dépendre en quelque façon de celui contre lequel on a fait ce choix.

Sans aller jusque-là, bien des femmes n'ont en effet jamais accédé avec leur père à cette entente où les deux trouvent une grande joie.

De leur côté, certains hommes m'ont dit qu'ils s'étaient toujours sentis éloignés de leurs enfants

— qu'ils soient garçons ou filles d'ailleurs —, et qu'ils n'avaient jamais éprouvé rien qui ressemblât aux sentiments dont je venais de leur parler. Non par manque d'amour envers leurs enfants — ils étaient prêts à donner éventuellement leur vie pour eux — mais sans doute à cause de cette sorte de pudeur que j'évoquais plus haut, du moins c'est ce que j'ai perçu au travers de leurs explications. Ils ne savaient pas très bien, en fait, pourquoi ils n'avaient pu nouer de relations plus intimes et plus chaleureuses avec leurs enfants. Certains le regrettaient, d'autres non.

D'une façon générale, j'ai remarqué que les femmes, quel que soit leur âge, parlaient plus facilement de leurs relations avec leur père, que les hommes ne parlaient de leurs filles. Sur ce sujet ils se montraient beaucoup plus laconiques qu'elles en dépit de leur bonne volonté. Ils voulaient bien répondre à mes questions mais ils ne savaient pas quoi dire ni comment le dire.

Sans doute parce que les hommes sont moins enclins à parler d'eux-mêmes, à s'appesantir sur leurs sentiments de crainte de laisser paraître une émotion qu'on leur a appris à réprimer depuis l'enfance : « un garçon ne pleure pas ».

Chez beaucoup d'entre eux la part émotionnelle de leur personnalité semble ne pas s'être développée de la même façon que la partie rationnelle, elle est tenue sous le boisseau. Cela dit, l'attitude de retrait de la part du père n'est pas forcément nuisible à l'enfant si celui-ci ne peut mettre l'amour en doute. Ce dernier peut au contraire se sentir plus libre. Le détachement du premier est en quelque sorte le garant de la liberté du second. L'amour n'a pas toujours besoin de démonstrations extérieures pour être transmis et ressenti. Car la situation idyllique traversée par le père et sa fille ne va pas sans dangers pour l'un comme pour l'autre, bien que celle-ci risque beaucoup plus que celui-là.

De quels dangers s'agit-il, mon Dieu ! Comme si l'amour entre père et fille pouvait en comporter.

Dans *le Père Goriot*, Balzac ne décrit-il pas jusqu'où peut aller la passion excessive d'un père pour ses filles ; et la fille de Georges Simenon — c'est lui qui le dit dans ses Mémoires — éprouvait pour son père un tel amour qu'elle ne put se détacher de lui que par la mort.

Cette relation entre père et fille apparemment si naturelle et simple peut être le lieu de sentiments d'autant plus violents qu'ils n'accèdent pas toujours à la conscience. Entre l'absence totale d'intimité entre père et fille et la passion la plus folle, entre la faiblesse qui va jusqu'à la dégradation et la sévérité qui confine au sadisme, il y a place pour tout l'éventail des sentiments, pour la jalousie et la dépendance, pour la soumission et la révolte.

C'est Nora, vingt ans, qui menace son père de se suicider. Elle ne s'en tient pas aux menaces ; elle fait plusieurs tentatives, heureusement sans succès, pour l'empêcher de se remarier.

Père et fille se sont toujours bien entendus mais la mort de la mère de Nora les a encore rapprochés : leur chagrin commun, leurs affinités. Ce qu'il pressentait d'intelligence et d'esprit dans la petite fille, il le retrouve accentué dans la femme qu'elle est devenue. Avec elle, il a l'impression de retrouver sa propre jeunesse au travers des discussions interminables qu'ils ont ensemble sur la vie, la mort, l'amour. Il adore cette enfant unique qui le traite comme un ami de son âge. Pas un instant il ne songe qu'il encourage par son attitude l'attachement de Nora pour lui à ce moment de l'adolescence si fragile d'être un pont entre l'état d'enfance et l'âge adulte.

Au contraire, il s'appuie sur elle, prolongeant l'un l'autre dans leur désarroi la période idyllique entre père et fille dont il faut pourtant savoir sortir un jour. Quand le père de Nora voudra le faire, ce sera le drame auquel il ne comprendra rien.

En effet, il rencontre un jour une femme dont il tombe amoureux et qu'il décide d'épouser. Comme par hasard, cette femme a vingt ans de moins que lui. Pour lui, aucun problème, ce n'est pas parce qu'il aime une autre femme qu'il aime moins sa fille; aussi ne s'attend-t-il pas à la réaction de Nora. Celle-ci en effet, ne l'entend pas de cette oreille, elle désire garder son père pour elle seule, elle tombe malade, s'enfonce dans la dépression, ne fait plus rien, menace son père de se suicider, se traînant à ses pieds pour le supplier de renoncer à son projet sans qu'il sache très bien si elle lui joue la comédie ou si elle est capable de mettre ses menaces à exécution. Il ne sait plus comment s'y prendre, comment lui parler, la raisonner, elle le défie en risquant sa vie. Il s'étonne que sa fille avec laquelle il s'entendait si bien il y a peu de temps encore, qui semblait tout comprendre, avec qui il avait cru pouvoir tout partager comme avec un ami, se soit transformée soudain en femme abandonnée qui fait des scènes. Pourtant il ne cède pas.

Nora finira par se calmer, par retrouver un certain équilibre grâce à son goût de l'étude où elle plonge avec passion, une fois sortie de son marasme. Elle trouvera du travail, aura des liaisons, sans jamais, semble-t-il, pouvoir entretenir une relation durable avec un homme. On dirait qu'il lui a été impossible de remplacer ce père tant aimé qui l'a délaissée, du moins cela apparaît ainsi à ses yeux. Elle n'a jamais pu juger les hommes autrement qu'à l'aune de son père ni pardonner à ceux-là la trahison de celui-ci. Elle en convient volontiers, maintenant qu'elle est capable de jeter un regard en arrière sans sombrer aussitôt dans la dépression.

Il s'en est fallu de peu que les choses ne se terminent par un drame.

Un climat émotionnel tendu, des circonstances familiales malheureuses favorisent le développement d'une sensibilité exacerbée chez des enfants au tempérament émotif, qui les rend vulnérables, vibrant comme les cordes d'un violon au moindre contact, entraînant une sorte d'inquiétude permanente tournée vers soi-même où se développe l'introspection et l'acuité psychologique. Armes à double tranchant, car si elles permettent de mieux comprendre ses propres actions et ses propres sentiments — comme les actions et les sentiments des autres ou leurs mobiles et ainsi de se mieux situer dans le monde dans lequel on vit —, il reste que ce regard en permanence tourné vers l'intérieur de soi fait que les événements extérieurs y résonnent à trop grand bruit, parfois assourdissant et dévastateur. Cette sorte de faiblesse risque d'entraîner la dépendance à une figure forte et fortement aimée de l'enfance, l'incapacité de s'en détacher pour peu qu'il y ait des affinités intellectuelles et des sensibilités pareilles ajoutées aux liens du sang.

Ainsi entre père et fille, l'idylle peut-elle tourner à la dépendance, la tendre complicité de l'enfance se nuancer de sentiments plus ambigus, rarement conscients d'un côté comme de l'autre, qui peuvent tisser un réseau subtil fait d'admiration, de sujétion, de désir enfoui, d'amour, où la fille se trouve enfermée. Le père aussi, d'ailleurs, mais il a moins à perdre ayant déjà fait sa vie.

La fille peut y perdre la sienne de façon plus ou moins dramatique, plus ou moins larvée quand elle ne réussit pas à faire le deuil de sa relation au père.

Julie, maintenant âgée, ne s'est jamais mariée ; elle n'a pas eu les enfants qu'elle aurait tant désiré avoir. N'ayant pas besoin de gagner sa vie, elle l'a remplie d'occupations diverses, se créant des obligations qui confondaient l'essentiel avec l'accessoire (ce que nous avons tous plus ou moins tendance à faire, d'ailleurs) et qui lui ont interdit toutes études sérieuses, tout travail suivi pouvant donner un sens à sa vie. On ne lui a jamais connu de liaisons ni d'amour. Qu'a-t-elle fait de sa vie, de ses dons d'intelligence et de cœur, de son corps qui n'était pas moins qu'un autre fait pour le plaisir et les enfantements ?

De son enfance, de l'atmosphère familiale, elle trace un tableau charmant dans le style des chromos édifiants où nulle fausse note ne vient rompre l'harmonie. On s'en voudrait de la troubler mais on ne peut s'empêcher d'avoir un regret devant tant de possibilités gâchées que Julie ne pourra plus jamais exploiter parce que, maintenant, il est trop tard. On songe au sonnet de Góngora : « Si tu persistes à suivre des ombres, à étreindre des leurres, elles te le pardonneront mal les heures, les heures que tu limes sont des jours, les jours que tu ronges sont des ans [1]. »

Que s'est-il passé pour que Julie ne puisse pas sortir de sa famille afin de créer la sienne, ou encore pour qu'elle ne poursuive pas les études qu'elle avait entreprises alors qu'il ne s'agissait pour elle ni de santé, ni de moyens matériels ou intellectuels ?

Energique, toujours pleine d'activité, la cause de son échec réside ailleurs que dans un manque de volonté ou dans l'égoïsme que d'aucuns, avec cette inconsciente

1. Cité par Borges dans le livre que lui a consacré Maria Esther Vasquez, *Images, dialogues et souvenirs*, Seuil.

cruauté des gens qui s'arrêtent à la surface des choses, lui ont parfois attribué pensant qu'elle avait préféré une vie de célibataire aux responsabilités et aux soucis d'une famille.

Que s'est-il donc passé? Pourquoi le père de Julie qui avait déjà plusieurs garçons, l'a-t-il traitée comme l'un d'entre eux?

Ce que l'homme cherche dans son fils, c'est un double, un semblable, quelqu'un qui va le continuer, poursuivre son œuvre ou la parfaire, c'est pourquoi il s'en détourne si celui-ci ne répond pas à son attente, s'il le déçoit par son manque d'intelligence ou d'énergie. Il y a là pour lui une blessure narcissique difficile à effacer. Le père peut se tourner alors vers sa fille si celle-ci présente les qualités qu'il ne trouve pas chez son fils ; il peut l'élire comme son alter ego, infléchissant malgré elle et malgré lui — parce que, bien sûr, il ne se rend pas compte de sa demande — le développement de sa fille vers quelque chose de masculin. Elle se conformera inconsciemment, pour une partie d'elle-même, au désir inconscient du père qu'elle soit un garçon et qu'elle remplace ainsi le fils qu'il n'a pas ou celui qui l'a déçu.

Le père crée de la sorte chez son enfant un problème d'identité sur lequel je reviendrai.

On trouve cette attitude souvent chez des hommes qui ont réussi dans la vie, ont une personnalité affirmée mais sont incapables de supporter que leur fils leur renvoie une image affaiblie d'eux-mêmes.

Il faut aussi que chez la fille existe quelque chose qui facilite une réponse positive au désir du père.

En ce qui concerne Julie, il se pourrait en outre qu'elle soit restée fixée au souvenir infantile d'un bonheur sans nuage dans la maison de ses parents. Seule fille, elle a été investie par eux, et aussi par ses frères, d'un amour que rien ni personne ne pouvait lui offrir par la suite. Elle a vécu sur ce leurre.

L'entente qui régnait entre ses parents, jointe à l'image d'un père très aimé dont la personnalité dominante la subjuguait, a fait qu'elle est restée prisonnière, prisonnière heureuse et consentante du cercle enchanté de la famille.

Mais c'est moi qui parle de vie manquée et d'échec, moi qui vois les choses du dehors. Qu'en dirait-elle, elle, Julie, si on le lui demandait ? Je m'interroge parfois pour savoir s'il n'y a pas une sorte d'intolérance dans le jugement que je porte ainsi en déplorant que Julie n'ait pas tiré un meilleur parti de ses possibilités. Comme si, dans notre société de rendement, il fallait que chacun fonctionne à son maximum sous peine d'être jeté au rebut à l'instar d'une mécanique usée.

N'est-ce pas justement ces différences dans la façon d'utiliser nos potentialités qui font l'infinie diversité de la vie, qui font que Pierre ne ressemble pas à Paul ni Cécile à Marie ? Dans la nature, on observe beaucoup de plantes qui ne parviennent pas à se développer complètement alors que quelques-unes arrivent à un épanouissement total, et peut-être faut-il les premières pour assurer la réussite des secondes dans une sorte d'équilibre mystérieux auquel les humains sont également assujettis.

Le sentiment que Julie a d'elle-même et de sa vie importe plus que tout jugement extérieur.

Si la personnalité de son père a eu une influence certaine sur sa vie, elle n'a pas été la seule. Ne peut-on discerner dans le jeu des influences qui s'entrecroisent autour d'un enfant ce qui lui donnera une tonalité particulière et fera de lui un être humain unique dont nous ne possédons pas la clef ?

Le couple père-fille n'existe pas tout seul. Il y a la mère mais souvent aussi des frères et sœurs. Chacun d'eux a une influence sur la relation en question, la famille formant une sorte de système dont les éléments agissent les uns sur les autres en fonction du patrimoine génétique de chacun, des différences d'âge entre les enfants, de leur nombre et de leur sexe et de leur place respective au sein de la fratrie. L'idylle se colorera de nuances sensibles suivant que la fille est l'aînée ou la cadette. Si elle est seule au milieu de garçons, ou fille au milieu de filles; si elle est fille unique ou enfin, s'il n'y a que deux filles. Dans ce dernier cas, si l'on n'y prend pas garde, la jalousie et la rivalité toujours présentes en quelque façon, entre frères et sœurs, risquent de dominer.

C'est dire que l'idylle telle que j'ai tenté de la décrire existe, certes, mais avec beaucoup de variantes dans son intensité et sa durée. Il ne peut en être autrement en raison de la personnalité de chacun et de son mode de réponse aux pressions de l'environnement.

Freud a passé sa vie, et à sa suite beaucoup d'autres, à décrire les méandres de la psyché dans ses replis les plus cachés et à montrer la force des liens noués dans l'enfance avec nos parents, force qui est parfois telle qu'il faut toute une vie pour parvenir à s'en défaire si toutefois on y parvient; ce que le poète exprime si bien par le vers fameux: « On ne guérit jamais tout à fait de son enfance [1]. » Non qu'il faille se défaire à tout prix de ces liens. Il ne s'agit pas de cela, ni de rupture brutale où se lirait encore la dépendance mais bien d'acquérir une autonomie par rapport aux images parentales qui se sont inscrites en nous. Or, paradoxalement, plus les relations de l'enfant avec son entourage ont été conflictuelles

1. Lucie Delarue-Mardrus.

moins il aura de chances de s'en dégager de façon harmonieuse, c'est-à-dire sans blesser les autres ni se blesser lui-même du même coup.

Lorqu'un enfant n'a pas trouvé d'images satisfaisantes auxquelles il puisse s'identifier ; lorsqu'aux différentes étapes de son développement il n'a pas obtenu les réponses structurantes qui lui étaient nécessaires, il aura du mal à se détacher de ses parents auxquels il continuera à réclamer inlassablement ce qui ne lui a pas été accordé au moment où il en avait besoin.

On rencontre ainsi des adultes, mêmes âgés, qui attendent encore de leurs parents un impossible changement qui rendrait ceux-ci enfin capables de combler l'enfant frustré qui subsiste en eux, n'ayant jamais pu faire le deuil d'une relation heureuse.

Ces images qui règnent dans notre inconscient ne correspondent pas toujours cependant aux personnes réelles qu'elles représentent. Les enfants les déforment ou les modifient en fonction de leur peur et de leur agressivité. Ainsi par exemple, cette petite fille amoureuse de son père pourra-t-elle conserver à l'intérieur d'elle-même l'image d'une mère redoutable et méchante parce que se sentant coupable à son égard pour l'avoir attaquée dans ses fantasmes, elle craindra des représailles selon la loi du Talion en vigueur dans l'inconscient. Elle verra donc en sa mère quelqu'un de puissant et de menaçant, prêt à la vengeance même si cette dernière est la plus douce des femmes dans la réalité.

L'enfant peut non seulement redouter la vengeance de sa mère mais aussi d'avoir blessé ou abîmé celle-ci puisqu'il ne fait pas encore de différence entre la pensée et l'action. Cela provoque en lui un sentiment de culpabilité dont il lui sera difficile de se débarrasser. Le Surmoi, autrement dit la conscience morale, est formé de ces images intériorisées. Dans ces conditions, il est important que la mère présente aux yeux de l'enfant l'apparence d'une femme heureuse, suffisamment solide pour résister à ses attaques. En effet, si dans la réalité la mère apparaît faible, accablée, malade ou dépressive, elle donne corps aux fantasmes de l'enfant qui risque de se sentir responsable de l'état de sa mère et d'en éprouver une culpabilité génératrice d'une grande angoisse.

Une mère heureuse et en bonne santé permet à l'enfant de penser qu'il ne lui a pas fait de mal et minimise ainsi en lui cette tendance à la culpabilité inséparable de la psyché et qui ne demande qu'à se développer pour peu que les circonstances s'y prêtent.

Naturellement cela ne constitue qu'un schéma un peu sommaire car chaque enfant, chaque individu est unique et se trouve confronté à des situations spécifiques auxquelles il fait face à sa façon.

Les sentiments contradictoires — amour, haine, jalousie, crainte — qui agitent la petite fille durant cette période œdipienne, font partie de son développement normal. De la façon dont les parents y répondent dépend la trace plus ou moins heureuse que l'enfant gardera inscrite au fond d'elle-même.

Dans cette interaction avec l'entourage se mettent en place les mécanismes de défense[1] qui deviennent des habitudes dont nous ignorons complètement l'origine.

C'est mon caractère, disons-nous. Notre caractère ou parfois des modes d'être qui nous ont été imposés en

---

1. Mécanismes de défense, expression psychanalytique, qui désigne les modes de réponses que l'individu met en place pour faire face aux pressions du milieu extérieur et aussi du milieu interne.

Ils font partie du développement normal et donnent forme en quelque sorte à la personnalité de chacun. Leur variété et leur souplesse permettent l'adaptation aux situations vécues.

réaction à l'entourage de notre petite enfance quand nous n'étions pas encore capables de résister aux intrusions, autrement dit aux interventions abusives des autres; celles qui sont dictées moins par le comportement réel de l'enfant que par les besoins inconscients de l'adulte.

Alors dans certains cas ces mécanismes sont devenus une seconde nature ou un «faux self» pour employer l'expression de Winnicott[1] c'est-à-dire une sorte de coquille qui nous protège ou plutôt qui nous a protégé autrefois de ce qui nous blessait, qui maintenant n'a peut-être plus de raison d'être mais que nous ne parvenons pas à enlever tant elle nous colle à la peau comme une tunique de Nessus. D'ailleurs, pour avoir envie de l'ôter, encore faudrait-il en avoir conscience.

C'est loin d'être toujours le cas, parce que nous avons sécrété cette coquille sans nous en rendre compte et que le moi qui s'abrite à l'intérieur est un moi potentiel qui n'a pu se développer selon sa propre pente.

C'est seulement à la faveur d'un événement douloureux qui nous secoue et nous force à nous remettre en question que nous nous rendons compte de l'existence de cette concrétion; il ne faut pas la confondre avec les masques — la persona — qu'il convient de porter en société puisque nous sommes libres de mettre et d'enlever ceux-ci à volonté.

Plusieurs partis sont possibles lorsque nous découvrons l'existence de cette enveloppe calcifiée qui nous bride: fermer plus hermétiquement la coquille en oubliant ce que nous avons entrevu fugitivement. C'est plus simple, moins dangereux, puisqu'après tout sa protection a été efficace pendant des années, puisqu'elle nous a per-

1. Célèbre pédiatre et psychanalyste anglais.

mis de vivre jusqu'ici, alors pourquoi chercher à s'en défaire ? Dans le doute, abstiens-toi, dit la sagesse populaire, et pourquoi pas.

On peut aussi choisir de risquer quelques pas dehors — la perspective de se déployer au maximum ne manque pas de charme — et de se débarrasser des sentiments de malaise parfois encombrants qui nous pèsent sans que nous sachions pourquoi ni d'où ils viennent.

Seulement voilà, dehors il fait froid pour quelqu'un accoutumé à la chaleur, l'air est trop vif pour celui qui jusqu'ici n'a respiré qu'un air confiné et raréfié, les poumons n'en ont pas l'habitude, on suffoque, on a froid, on grelotte, on se sent tout nu. Après quelques pas timides, la crainte l'emporte sur l'exaltation de se sentir libre, on regagne en hâte son abri familier auquel on est habitué, si inconfortable qu'il soit. On referme la porte, on se pelotonne, on se recroqueville, on ferme les oreilles, les yeux, pour offrir le moins de surface possible en jurant qu'on ne nous y reprendra pas. Nous sommes, en quelque sorte, tombés de Charybde en Scylla !

Ce phénomène de rétraction peut se produire au début d'une psychothérapie quand nous entrevoyons tout ce qu'elle risque de déranger en nous et dans notre vie ; ou sans même parler de psychothérapie, tout simplement parce que nous avons une intuition fugitive de ce qui se passe dans notre for intérieur mais que nous préférons n'en rien savoir.

Enfin, il se peut aussi qu'après cette première réaction de repli, les battements affolés de notre cœur s'étant calmés nous reprenions courage, nous rouvrions les yeux, nous sentions une envie sourde de tenter un nouvel essai, ne pouvant plus oublier l'air vif du dehors l'ayant une fois goûté.

On hésite, on doute de soi, on se sent mal dans sa peau,

on ne sait plus ni ce qu'on veut ni ce qu'on doit faire. Une voix semble nous appeler à l'extérieur tandis qu'une autre nous dresse un tableau effrayant de ce qui nous y attend. Une chose est sûre: nous ne nous sentons plus bien dans le relatif confort, ou inconfort, que nous nous étions créé il y a bien longtemps. Nous regrettons par moment, pas tout le temps, d'avoir mis le nez dehors, fatale imprudence! Mais il nous est impossible de l'oublier. De sorte qu'après un temps plus ou moins long, nous allons nous décider à sortir pour de bon.

Nous allons tenter de devenir adulte, c'est-à-dire d'en finir avec ce que nous « trimballons » de ce passé qui pèse sur notre présent.

Encore une fois il ne s'agit pas de rejeter le passé, de renier nos parents qui ont fait ce qu'ils ont pu n'étant eux-mêmes que d'anciens enfants chargés d'un bagage qu'ils n'avaient pas choisi.

Lorsque nous portons un regard critique sur eux et sur notre enfance, cette période où nous avons tellement dépendu d'eux, il ne faut jamais oublier qu'eux-mêmes sont le produit plus ou moins abouti d'un environnement donné. Eux aussi se sont construits tant bien que mal et s'ils ont agi avec nous de manière pas toujours bénéfique, c'est qu'ils ne pouvaient faire autrement.

Dans la recherche des éléments qui nous ont faits ce que nous sommes, il s'agit moins de trouver des responsabilités que de comprendre pourquoi les choses se sont passées ainsi ; ceci afin de prendre la distance nécessaire permettant d'abandonner des conduites qui non seulement ne nous servent plus à rien mais, de plus, nous encombrent ou nous font mal.

Il ne s'agit pas d'une compréhension intellectuelle qui ne servirait à rien d'autre qu'à renforcer nos défenses de façon subtile ou à en ajouter d'autres, non, il s'agit, comment dire : il s'agit d'une connaissance qui passe par le corps. Il s'agit de laisser monter en soi tout ce qui vient du corps, de mettre en mots toutes les émotions, les fantasmes, les sensations, les rêves, d'abaisser en somme les barrières qui nous séparent du monde de l'enfance, de ce monde de l'imaginaire qui nous fait si peur, parce que nous redoutons qu'il nous emporte. Nous avons l'impression que nous pourrions glisser de l'autre côté sans pouvoir revenir si nous laissions la parole à ce que notre corps peut avoir à dire de diffus, de confus, d'indicible et de si violent parfois que nous oublions de vivre plutôt que de nous y affronter.

En outre, à partir de ce moment nous devenons responsables de notre propre vie. Or il est souvent plus confortable de trouver des boucs émissaires, à savoir nos parents, que de regarder les choses en face et d'essayer de nous construire du mieux possible avec les matériaux dont nous disposons.

Nous avons dès lors à faire face à la difficile entreprise de devenir ce que nous sommes pour reprendre les mots de Nietzsche, ce que la plupart du temps nous nous empressons d'oublier sauf à ces moments charnières de la vie où les événements viennent nous secouer et nous obligent à nous remettre en question.

L'adolescence est un de ces moments charnières qui scandent notre vie, le premier, probablement le plus aigu parce que la personnalité est encore incertaine ; tout est remis en question de ce qui s'est patiemment construit jusque-là. Et c'est aussi la fin de la période d'idylle entre le père et la fille constituant pour celle-ci un atout ou une entrave, un bienfait ou un poids selon le rôle que le père aura su tenir auprès d'elle, rôle qui dépend de sa problématique à lui, de la capacité qu'il a eue, ou n'a pas eue, de résoudre ses propres conflits infantiles.

En effet un jour vient où l'idylle se termine.

La petite fille a grandi ! Mon Dieu comme les années passent vite. Le charmant petit corps d'enfant potelé ou trop maigre s'est allongé peu à peu. Comme on vit tous les jours avec elle, on n'y a pas pris garde sauf pour s'amuser ou s'attendrir devant les petits seins qu'on devine à peine sous le tee-shirt : « Regarde papa », a-t-elle dit avec fierté à son père qui s'est efforcé d'admirer ce qu'il ne distinguait pas du tout. Si toutefois leurs rapports le permettent car ce n'était guère courant dans les générations précédentes. Quelle femme de ma génération en effet, aurait été trouver son père pour lui faire admirer ses seins naissants ? Cela ne se faisait pas. Elle n'aurait jamais osé les lui montrer et lui, la regarder. Le corps de son enfant lui devenant interdit à partir du moment où justement elle n'était plus une enfant.

Cependant, un beau jour, dans l'un ou l'autre cas, avec plus ou moins de surprise le père découvre que sa petite fille est devenue femme. Tandis qu'il la regarde avec des yeux neufs, étonné et charmé ou vaguement déçu, il s'aperçoit qu'elle s'éloigne de lui. La petite fille a grandi en effet. Elle ne regarde plus son père avec des yeux admiratifs. Il prend un coup de vieux, le pauvre homme ; il descend de son piédestal. Elle se replie sur elle-même, ne lui confie plus spontanément ses joies et ses chagrins, elle ne vient plus se blottir contre lui. Elle a des copains, des amis, des flirts. Bref il n'est plus le seul homme de sa vie. Tout d'un coup mille et un petits signes auxquels il n'avait pas prêté attention jusque-là prennent un sens nouveau ; il s'aperçoit qu'il est un homme trompé. Il ne comprend pas, il souffre, il devient jaloux et maladroit, il l'interroge, il critique ses copains qui lui paraissent stupides, inintéressants. Comment peut-elle jeter les yeux sur de tels imbéciles ! Il la fait pleurer ; elle part s'enfermer dans sa chambre en claquant la porte ; elle boude ; il se sent coupable ; il ne sait quoi faire pour la voir sourire de nouveau. C'en est fini de leur complicité, de leur entente à demi-mot, de leurs plaisanteries connues d'eux seuls. Avant, elle buvait dans son verre, mangeait dans son assiette ; maintenant elle cache mal son dégoût.

Oh ! il sait bien ce que ça veut dire : « Elle ne m'aime plus. » Il rumine son chagrin comme un amant déçu. Il ronge son frein. Que peut-il pour la retenir, l'écarter de ces rustres qui menacent de la lui enlever ?

Il la voit rire, sortir avec d'autres hommes et son cœur se serre, la jalousie l'étouffe. Qu'est-ce qui, en si peu de temps, a transformé son enfant chérie au point qu'il ne la reconnaît plus ?

Il se sent tout d'un coup vieux, presque malade, grincheux, hors du coup. Ne le lui fait-elle pas sentir, la petite garce, avec son rouge à lèvres provocant, ses coiffures qui n'en sont pas, sa radio qu'elle fait hurler en travaillant ; on dirait qu'elle fait tout pour le heurter.

En fait, elle l'a oublié. De temps en temps elle lui saute au coup « mon petit papa »... en général quand elle a besoin de quelque chose, qu'il lui accorde naturellement. Que peut-il faire d'autre ? Il n'est plus qu'un pauvre homme désemparé en proie à un désespoir d'amour dont il ne peut pas parler, même pas à lui-même. Comme elle lui manque, sa petite fille ! Comment peut-elle lui faire ça à lui, lui son père ! D'autres vont porter la main sur ce corps si émouvant dans sa vénusté, sur cette peau miraculeusement lisse. Il a envie de crier « au viol ». Ah ! comme il l'enfermerait volontiers au fond d'un couvent s'il le pouvait, comme un père des temps anciens. Il se sent devenir féroce.

— Monte dans ta chambre.

— Mais papa...

— Ne discute pas, monte dans ta chambre.

Une porte claque.

Lui va s'asseoir lourdement. C'est vrai qu'elle était en retard mais cela justifiait-il cette colère? Il s'interroge, il ne sait plus très bien s'il a tort ou raison, son autorité vacille, son assurance fout le camp. Il a envie d'aller la consoler. De plus sa femme lui fait la tête:

— Qu'est-ce qui te prend?

Oui, qu'est-ce qui lui prend?

Ils sont arrivés sa fille et lui à l'heure critique de la séparation. Il est temps pour elle de quitter le nid, la rassurante épaule du père. Il est temps pour lui de la laisser partir. Mieux! de l'y aider. Ce n'est facile ni pour l'un ni pour l'autre. Alors ils se blessent mutuellement.

J'exagère?

Pas tellement.

L'évolution des mœurs a fait disparaître ce type de père, au moins en apparence car il y a toujours un décalage entre comportements et mentalités qui, elles, évoluent beaucoup plus lentement. Ce père caricatural existe toujours, au moins en secret.

Pur produit d'une société patriarcale ou celui d'un atavisme dont nulle forme de société ne pourrait être totalement exempte?

La bienséance, l'orgueil, les modes, toutes les conventions retiennent le père de laisser s'exprimer sa rage et son chagrin sauf par des expressions détournées et souvent maladroites qui exaspèrent la fille parce qu'elles tombent à côté et mal à propos.

Elle le trouve idiot, ce père merveilleux il y a encore si peu de temps. Injuste, irascible, vieux jeu. Il est vieux en effet, pas drôle du tout, celui qu'elle adorait ; surtout, il ne la comprend plus. Elle aussi aurait souhaité que leur entente continue. Mais soudain tout grince, tout se désaccorde entre eux. Qu'est-ce qui se passe ? Il critique tout ce qu'elle dit, tout ce qu'elle aime, ce qu'elle porte, sa façon de s'habiller, de se coiffer, ses copains. Quel homme odieux ! Non, vraiment ce n'est pas possible ! Elle va s'en aller, quitter la maison, elle le déteste, elle le hait.

Et puis de temps en temps, comme par miracle, elle retrouve pour un instant l'entente qui les unissait, une bouffée de tendresse lui monte à la gorge, elle a envie de se jeter à son cou : « Papa, mon petit papa. »

Mais non, elle se raidit contre cette impulsion, il en profiterait ; elle prend un air détaché, désinvolte, un baiser rapide sur la joue, une pirouette, elle s'envole le laissant en plan, déçu devant son évaporée de fille qui lui semble lointaine, indifférente, étrangère.

C'est la crise de l'adolescence lui dit-on, ou bien il l'a lu dans les livres mais aujourd'hui, il y est confronté, il la vit cette fameuse crise et il ne trouve pas ça drôle du tout. Il réagit mal, il ne sait plus rien.

Peut-être est-ce mieux ainsi après tout. Peut-être sa fille a-t-elle besoin de son incompréhension, de sa sottise, de ses colères, pour pouvoir le quitter. Elle se heurte à un mur, en quelque sorte, mais au moins peut-elle y prendre appui.

Malaisé, en effet, de quitter l'abri familial en dépit des apparences. Que le père soit si maladroit facilite les choses à la fille. Cette incompréhension qui les heurte l'un et l'autre, qui creuse un fossé entre eux, bientôt infranchissable, n'est-elle pas finalement salutaire ?

La fille se dit : « Je serais mieux ailleurs. » Le père :

« Qu'elle parte puisqu'elle ne se trouve plus bien à la maison. » Ainsi il lui évite de se sentir trop coupable. En se rendant odieux à ses yeux, il lui permet de se détacher de lui.

A cette époque de la vie, une fille a besoin, comme le garçon d'ailleurs, d'un espace bien à elle, l'espace du secret. L'intimité qui était la leur doit maintenant cesser, non qu'ils ne puissent plus avoir d'échanges, ni que le père n'ait pas un contrôle à exercer sur ce que fait sa fille — agir autrement serait une démission — mais il y a un domaine qui n'est pas le sien : celui de la sexualité de sa fille. De même que sa fille n'a rien à connaître de la sienne.

La difficulté pour le père durant ces moments de crise c'est de conserver son calme pour offrir à sa fille un appui solide ; précisément quand elle en a le plus grand besoin. Même s'il a tendance à oublier l'enfant charmante que fut sa fille pour ne voir en elle qu'une étrangère hostile qui lui pose des problèmes à tout bout de champ : elle rentre trop tard, elle fréquente des gens qui ne lui plaisent pas, elle emprunte la voiture sans prévenir, elle pleure dès qu'on lui fait la moindre observation, elle est insolente, elle ne fait rien en classe, elle s'habille de façon ridicule. Que doit-il faire, dire, ne pas dire, interdire? Quand est-il opportun d'intervenir, quand vaut-il mieux fermer les yeux?

Entre la faiblesse et l'abus d'autorité, la marge est étroite. Il a bien envie d'abandonner : « Qu'elle aille au diable son enfant chérie », lui il est fatigué, il en a assez de batailler, de gronder, de s'interposer entre elle et sa mère, de jouer les arbitres. Lui, il voudrait qu'elle l'aime comme avant, il voudrait surtout avoir la paix.

Maintenant quand il rentre le soir, il n'est pas rare que sa femme l'attende pour se plaindre ; sa fille boude dans sa chambre, refuse de descendre pour dîner... et on lui demande de jouer les croque-mitaines !

Dieu qu'il en a assez de ces femelles jeunes ou vieilles qui lui empoisonnent la vie ! Cependant il va docilement chercher sa fille, il arbore un air décidé ; il frappe, pas de réponse ; il entre et qu'est-ce qu'il voit ? Sa fille, sa petite fille recroquevillée sur le lit, des larmes plein les yeux. Elle le regarde avec cette confiance qui l'émouvait tant autrefois. Pour un peu il se mettrait à pleurer lui aussi.

Il la prend dans ses bras, il la berce, ainsi elle est toujours là son enfant chérie. Où est passée l'étrangère ? Il a envie de rire tout d'un coup, elle aussi, ils sortent de la chambre la main dans la main ; mais demain ils seront à nouveau deux étrangers face à face.

Ils émergeront un beau jour de ce tortueux passage sans s'en apercevoir comme ils y sont entrés. Il aura vieilli, elle sera devenue adulte. Il aura accepté qu'elle s'en aille, elle ira vers d'autres hommes. Ils redeviendront des amis.

Tel pourrait être le scénario qui se déroule entre père et fille avec des degrés d'intensité en plus ou en moins. Il existe bien des variantes à ce scénario ou même il peut ne pas exister du tout.

Il s'agissait ici, d'une façon générale, de décrire ce qui se passe entre père et fille au moment de l'adolescence, lorsque se termine la période de l'idylle, ainsi appelée pour rendre compte d'une certaine qualité de relations entre père et fille.

Période dont l'apogée se situe généralement aux alentours des six ou sept ans, qui se prolonge ensuite plus ou moins longtemps et se termine soit naturellement comme un nuage qui s'effiloche à l'horizon et finit par disparaître en laissant une trace lumineuse dans les yeux, ou bien plus difficilement, voire douloureusement, comme dans le cas de Nora évoqué plus haut, cas extrême bien sûr, mais qui amène à s'interroger sur un des aspects sous-tendant la relation père-fille, autrement dit l'inceste.

SI *PEAU-D'ÂNE* M'ÉTAIT CONTÉ

Il y a tout l'amour dans cette tendresse d'un père, de certains pères du moins, pour leur fille. Tout l'amour avec son ardeur, sa jalousie, ses ruses, sa fidélité, ses déchirements, sa haine aussi et la douleur de perdre qui l'on aime inévitablement puisque l'enfant s'en va, qu'il est fait pour s'en aller vers un autre, ce que devinait déjà le père d'Eva, cette petite fille tant attendue qui survenait après plusieurs garçons quand on ne l'espérait plus. Le père contemplait son enfant, ce bébé fragile dans son berceau avec un air si triste soudain que sa femme étonnée, un peu inquiète, lui demanda ce qui lui arrivait. Il répondit qu'il pensait qu'un jour un homme la lui prendrait. Sa sensibilité et son imagination la lui représentaient déjà au bras d'un autre à qui elle accorderait la confiance, l'amour, l'abandon qu'elle lui aurait témoignés jusque-là ! L'idée de cette lointaine éventualité l'avait traversé d'une façon fugace, comme un coup de poignard faisant grimacer son visage. Alors il avait ri de lui-même : quel père noble il allait faire pour sa fille !

L'amour d'un père — et d'une mère bien entendu — pour son enfant est voué dès le départ au renoncement, aux déceptions, cela veut dire que les parents doivent grandir avec leurs enfants, en même temps qu'eux. Grandir en détachement pour pouvoir un jour faire face au vide inévitable si difficile à assumer.

Du moins lorsque les parents ont investi tous leurs intérêts dans leurs enfants qui ont été leur seule raison de vivre. Je ne sais plus qui affirmait : « Ce ne sont pas les parents qui éduquent leurs enfants mais ceux-ci qui éduquent leurs parents. » En effet, ils obligent ces derniers à sortir d'eux-mêmes, à se dépasser, sinon ils empêchent leurs enfants de devenir adultes. Mais la peine, le sentiment de vide et d'abandon, comment ne pas l'éprouver.

Frédéric Dard dit qu'il a pleuré pendant des mois lorsque son fils s'est marié, et tant d'autres qui ne disent rien parce qu'ils n'ont pas l'occasion ni le goût de s'exprimer sur quelque chose qui leur tient tant à cœur, parce que c'est la vie, alors on encaisse sans rien dire en banalisant pour que ça fasse moins mal comme on ponce les bords d'une brèche par où l'on doit passer.

Quel vide, en effet, quand des enfants qui ont durant si longtemps été la préoccupation majeure d'une vie, celle qui lui donnait un sens, qui soutenait l'effort fait pour « réussir », pour leur apporter ce dont on avait parfois manqué soi-même, leur donner une meilleure chance au départ, quand ils s'en vont ces enfants, tout naturellement, et c'est bien ainsi — laissant le désarroi et le vide derrière eux, la vie désenchantée. Oui, je pense qu'il est difficile d'être parents. D'être père d'une fille puisque c'est de ces deux-là qu'il s'agit, lorsqu'à l'amour naturel que l'on éprouve pour sa géniture viennent se joindre des affinités, des complicités et des goûts partagés. Toute cette merveilleuse connivence qui rapproche parfois ces deux êtres, père et fille, pour de brefs moments qui ont d'autant plus de prix qu'on les sait éphémères inconsciemment. N'y a-t-il pas là pour un père toute l'intensité de l'amour sans la promesse d'un achèvement mais celle au contraire d'un abandon?

« Tu m'as trahi », reprochait un père à sa fille qui avait quitté la maison contre son gré. Mots d'amant non de père, de père tel qu'on les veut, que les veulent la morale et la société.

Mais la vie déborde parfois, ou souvent, la morale et la société. Cet amour douloureux d'un père pour sa fille ressemble un peu à celui d'Arnolphe pour Agnès dans la célèbre pièce de Molière.

Le déchirement qu'entraîne le départ de l'enfant, pour nécessaire qu'il soit à ce dernier, laisse au premier une blessure difficile à guérir. Le père doit alors faire son deuil, pour reprendre l'expression de Freud, c'est-à-dire intégrer la perte, retrouver une nouvelle économie de l'être, un peu à la façon dont un mutilé doit apprendre à vivre sans son bras ou sa jambe. Accepter que sa fille vive maintenant sa propre vie, qu'elle n'ait plus besoin de lui, qu'elle trouve force et protection, amour et tendresse auprès d'un autre.

Comment combler ce vide, réinvestir d'autres objets d'amour?

Tous les pères ne sont pas ainsi naturellement, tous n'éprouvent pas des sentiments aussi passionnés pour leur fille, tous ne rencontrent pas en elle une femme complice dont ils se sentent proches.

Certains pères n'éprouvent pour leur fille qu'indifférence dans la mesure où ils ne se retrouvent en aucune façon en elle ou bien parce qu'elle ne flatte pas leur vanité, encore qu'ils ne se l'avouent pas toujours car on se doit d'aimer ses enfants, sans pécher par excès ni par défaut.

Mais ceux qui sont habités de passions fortes et qui ont une fille aimable n'ont que faire de la mesure. Il est probable qu'ils aiment leurs enfants comme ils aiment tout court. On ne peut entendre Serge Gainsbourg parler de sa fille sans en être ému, même si la façon dont il en parle risque de choquer.

On peut penser que ce n'est pas une force mais plutôt une faiblesse que d'aimer avec cette passion son enfant car ce n'est peut-être pas tant lui que nous aimons que nous-même en lui. Cet enfant, cet adolescent, ce jeune que nous avons été et qui, pour n'avoir peut-être pas eu sa ration d'amour en son temps, en est resté pour toujours affamé. Alors nous essayons de combler notre manque par l'amour que nous donnons et celui que nous attendons en retour.

Nous restons dépendants de nos enfants en qui nous projetons nos propres désirs insatisfaits. Ce sont alors les enfants qui font les frais de la blessure de leurs parents.

Comment un père pourrait-il jouer son rôle de père auprès de sa fille s'il lui demande inconsciemment de panser sa blessure. Autrement dit s'il lui demande de répondre à son désir à lui, sans lui laisser déployer le sien ?

L'on songe alors à toutes les Iphigénie, à toutes les Antigone, à toutes les Cordélia. On songe à la fille même de Freud, Anna, sa fille préférée. Celle qui l'a accompagné jusqu'au bout. Celle qui fut la vestale, garante de l'intégrité de la foi analytique. Anna identifiée à son père, son plus fidèle disciple, celle qui ne l'a jamais trahi. Anna sans homme ni enfant. Pauvre Anna, Anna sans génie, Anna assassinée.

Comme Freud eut raison de dire aux parents : « Quoi que vous fassiez, vous ferez mal ! » D'avance il s'absolvait, mais du même coup ne montrait-il pas les limites de la psychanalyse qui n'en reconnaît aucune?

N'est-il pas poignant que cet homme qui a passé sa vie à dénouer pour nous un à un les fils qui nous retiennent prisonniers de nos imagos, autrement dit des images parentales enregistrées à notre insu tout au long de l'enfance, que cet homme ait gardé sa fille auprès de lui, vieil Œdipe et son Antigone.

Mais n'est-ce pas le démon du conformisme psychanalytique qui me fait parler ainsi? Toute destinée qui n'obéit pas à ses normes ne peut-elle être que ratée? C'est ridicule. Pourquoi ne pas accepter l'infinie diversité de la vie et qu'Anna et Julie soient restées auprès de leur père sans avoir raté la leur pour autant?

Mais ce disant, est-ce que je ne cherche pas à éloigner le vif, le perçant du sujet dont il est question? A savoir, la part et le poids que peut avoir un père dans la destinée de sa fille.

Difficile de toucher au Paradis perdu. On se retrouve empli d'une angoisse confuse, d'un sentiment bizarre, quelque chose qui remonte de très loin qu'on avait oublié. Et les parents qui avaient l'air jusqu'à présent de bons parents, de parents normaux, de parents qu'on aimait, voilà qu'ils se transforment... Qu'ils deviennent des monstres, des ogres qui nous ont savamment empaquetés, ficelés, ligotés, dévorés.

Qu'il est difficile de regarder en face ces choses-là. Parce que soudain on ne se sent plus comme les autres — c'est si rassurant de se sentir comme les autres. On a l'impression d'avoir pénétré dans la forêt enchantée qui se referme derrière nous à mesure qu'on avance: impossible de revenir en arrière. Tout se métamorphose. On est obligé de faire face à cet enfant malheureux qu'on a voulu faire disparaître pour toujours;

qu'on a tué parfois, ou si profondément blessé, qu'il s'est recroquevillé complètement sur lui-même. On s'est tué soi-même pour sauvegarder ces autres aimés, les parents. Alors, remuer tout cela. Ranimer l'enfant en soi, le réveiller, revivre son désespoir et ses révoltes, son mépris de lui-même, sa haine, quand on l'avait oublié. Déconstruire ce que cet enfant avait entassé de matériaux jusqu'à ériger un mur infranchissable — du moins il le croyait — pour étendre son domaine sur ce monde obscur où on n'avance qu'à tâtons la peur au ventre. Continuer d'avancer en dépit d'elle mais pour aller où ? Justement on ne sait pas très bien. On n'est pas sûr d'arriver là où on voudrait. On a vraiment envie de s'arrêter, de rebrousser chemin, de retrouver le monde familier, inoffensif, aseptisé dans lequel on s'est habitué à vivre, dans lequel on est une personne comme les autres, avec de bons parents comme les autres et de bons sentiments.

Quelle rage de vouloir tout mettre au jour, tout tirer au clair !

On se sent soudain malade. Enfin pas vraiment. Mais saisi d'un malaise sournois, indéfinissable, ténu, subtil, difficile à décrire avec des mots. Nausée légère qu'on voudrait chasser avec une gorgée d'alcool, très fort, brûlant, décapant, jusqu'à ce que tout redevienne paisible et rassurant.

Depuis plusieurs semaines je travaillais sans efficacité, incapable d'arriver au bout d'un chapitre commencé, d'écrire quelque chose qui tienne debout. Mon livre ressemblait à une ébauche fait de bric et de broc, à une sorte de patchwork sans harmonie ni cohésion, comme moi depuis que j'avais arrêté mon analyse. Non que celle-ci eût fabriqué cette anarchie mais elle l'avait révélée en me privant des défenses qui l'avaient maintenue jusque-là. Je restais comme une esquisse abandonnée par le sculpteur dans un coin de son atelier, pleine de trous et de bosses. La tâche de réaliser quelque chose de solide se révélait trop difficile. Il me semblait avoir reçu un sort qui me frappait d'interdit d'écriture. Alors avant de tout abandonner, j'essayai encore de suivre le conseil que donnait Henry Miller à un de ses voisins de Big Sur, un écrivain qui se plaignait des difficultés insurmontables qu'il rencontrait car nous croyons toujours qu'elles le sont tant que nous n'avons pas trouvé le moyen de les surmonter.

Henry Miller lui donna ce conseil: « Ecrivez sur vos difficultés mêmes », ce qu'il fit aussitôt. Il rentra chez lui, se mit au travail et ne s'arrêta plus qu'il n'ait terminé son livre.

Sans doute la personnalité de Miller y fut-elle pour quelque chose, son pouvoir d'insuffler de l'énergie aux autres, cette espèce de force, de puissance, de goût invincible de la vie qu'il fait passer dans ses livres devaient être encore plus sensibles, plus communicatifs quand on se trouvait à son contact.

Son voisin fit en quelque sorte un transfert sur la personne de Miller et repartit avec un peu de la puissance de ce dernier à l'intérieur de lui, ce qui réussit à le débloquer au moins pour un moment.

Il reste que le conseil était bon en lui-même, transfert ou pas transfert. Souvent il suffit de parler de ses difficultés pour qu'elles s'évaporent, de dire « j'ai peur » pour que la peur s'évanouisse ou au moins diminue. Or, en ce qui me concerne, je sais bien que j'ai peur. Je sais bien qu'au fur et à mesure que l'échéance approche de la remise de ce manuscrit, j'arrive de moins en moins à travailler. Je me critique, je déchire, je recommence, dans un travail complètement stérile.

Eh bien, nous y voilà !

Stérile.

C'est là-dessus que j'achoppe : je n'ai pas le droit d'être autre chose que stérile. Quelque chose en moi que j'ignore, s'oppose à ce que je puisse créer. Que ce soit un enfant ou un livre, dans mon inconscient les deux choses ne sont-elles pas pareilles ?

Quelle illusion avais-je en commençant ce travail d'échapper à la malédiction qui m'avait atteinte dans mes œuvres vives : je n'avais pu avoir d'enfant, j'avais été privée du pouvoir de donner la vie, de sentir celle-ci grandir en moi. Pour quelle raison, pour quel péché que j'ignorais comme Œdipe.

Œdipe, une nouvelle fois, nous y voilà.

C'est bien parce que le thème de ce livre me touchait de façon brûlante que je me heurtais à de telles inhibitions et n'arrivais plus à écrire.

J'avais peur, peur, mais de quoi ?

La réflexion sur la relation entre père et fille allait peut-être m'amener à le découvrir et, sans doute, était-ce justement ce que je redoutais. Ma peur était double : celle de l'inconnu, et de ce qui se révélerait de moi que je n'avais pas envie de connaître.

J'avais beau critiquer la psychanalyse, essayer de prendre mes distances avec elle en traitant parfois ce qu'elle me suggérait d'élucubrations ou de billevesées, toute une part de moi y souscrivait.

Pour reprendre les mots de François Roustang [1] dont il a fait le titre d'un de ses livres : « Elle ne nous lâche plus. »

Qui ça ? Mais la psychanalyse.

La psychanalyse me disait que la stérilité imaginaire

1. Psychanalyste.

qui m'empêchait d'écrire tout autant que l'autre qui ne l'était pas — imaginaire — au moins dans les faits, avaient toutes deux à voir avec mes relations de fille à père, donc de fille à mère également. Comment les séparer ces deux-là, puisque l'enfant est issu de l'un et de l'autre. De sorte que même si pour les besoins de la cause, on privilégie le rapport mère-enfant ou, comme ici, le rapport père-fille, celui des deux géniteurs dont on ne parle pas, ou moins, est cependant toujours présent.

Un enfant est fait par deux parents même si l'un ou les deux viennent à disparaître de sa vie. A ceci près cependant que la mère existe, elle est toujours là, tandis que le père n'existe que parce qu'il est reconnu comme tel par la mère, reconnu comme père symbolique. J'y reviendrai.

Pour moi donc, ce livre s'attaquait à un domaine que jusqu'ici j'avais esquivé bien qu'ayant rôdé maintes fois sur ses bords. Je me trouvais soudain dans la situation du parachutiste au moment où la porte de la carlingue s'ouvre et qu'il faut sauter: « Go. » Une appréhension lui tord le ventre: « Et si le parachute n'allait pas s'ouvrir, et s'il allait se mettre en torche et tomber comme une pierre ! » En somme tout se passait comme si je reculais devant le risque mortel de me casser la figure.

Dans cette aventure, je n'étais plus une adulte d'un âge certain mais une enfant de deux ans ou de deux mois, voire de cinq ans peut-être, comment savoir. Je suffoquais de honte et d'angoisse. Si je renonçais, quelle excuse pourrais-je invoquer de valable à mes propres yeux et à ceux de mon éditeur?

Mon Dieu qu'est-ce qui m'arrivait ! Il me semble que je revivais quelque chose de mon passé le plus ancien. J'avais peur et j'étais paralysée par une demande qui excédait mes forces.

En parlant de saut en parachute, le souvenir d'un épisode de mon enfance me revenait en mémoire.

A l'époque mon père nous emmenait souvent, ma sœur et moi, sur un champ de courses. Non, ce n'est pas sur un champ de courses mais sur un terrain de concours hippique où sont disposés des obstacles. Entre autres, une sorte de butte dont j'ai oublié le nom. On y accédait d'un côté par une pente, de l'autre c'était la verticale d'où il fallait sauter.

Chaque fois que nous y allions, c'était le même scénario : je montais en même temps que ma sœur mais tandis qu'elle sautait bravement, je redescendais piteusement par le chemin que nous avions pris pour monter, tant j'avais peur de me lancer dans le vide, jusqu'au jour où mon orgueil parvint à triompher de ma couardise et où je sautai à mon tour au grand étonnement de mon père.

Orgueil ou amour de mon père, les deux sans doute, me poussèrent à surmonter ma peur pour lui plaire. Fait symbolique : l'amour et la présence du père qui ouvrent le monde extérieur à l'enfant et lui permettent d'échapper à la mère, de se lancer dans le vaste monde.

Puissé-je en faire autant aujourd'hui, avoir le courage de sauter dans le vide que représente la feuille blanche et d'écrire sans m'arrêter pour jeter un regard en arrière et me trouver transformée en statue de sel comme la femme de Loth.

Tiens, tiens, Loth qui commit l'inceste avec ses filles. Mais ce n'est pas lui qui en prit l'initiative semble-t-il.

En écrivant ceci une autre image se présente à mon esprit : celle d'un bretteur acculé dos au mur, obligé de sortir son épée pour tenter de se tirer du mauvais pas où il se trouve.

Encore une drôle de comparaison qui me renvoie tout

droit à un autre souvenir d'enfance. Cette fois je me revois dans le jardin, en train de me battre en duel avec mon père, non avec des épées mais avec des fouets de chasse. Ces fouets faits pour rameuter les chiens du haut d'un cheval, si longs qu'il est difficile de les faire claquer sans que la mèche ne revienne vous cingler les mollets, surtout ceux d'une petite fille de sept ou huit ans qui en a gardé la sensation cuisante.

Ce n'est sans doute pas par hasard si ces comparaisons se présentent ainsi à mon esprit, celles-là et non d'autres, quand j'essaie d'expliquer ce qui se passe en moi au moment de commencer ce chapitre sur l'inceste. Elles se présentent spontanément comme les pièces d'un puzzle qui se mettraient en place par enchantement. En effet elles concernent l'identité sexuelle de l'enfant, qui se forme dans ses rapports avec les deux parents, à l'intérieur de ce fameux triangle œdipien.

Ces images fortuites laissent transparaître les fantasmes qui nous habitent secrètement. A travers elles, j'apparais dans une relation de rivalité avec mon père comme si j'étais un garçon ou du moins je désirais l'être, donnant raison à Freud. D'après lui, en effet, les femmes qui ont un attachement très vif à leur père sont celles qui ont eu un attachement encore plus grand à leur mère, celui-là masquant celui-ci.

Dans cette perspective ma conduite de fuite devant l'écriture s'éclairait. Pour certaines femmes, semble-t-il, écrire c'est commettre une transgression. C'est transgresser le tabou de l'inceste, du moins c'en est l'équivalent. C'est dérober au père son phallus, le châtrer en quelque sorte. Ecrire signifie pour elles, dans leur inconscient, non seulement prendre la place du père pour s'approprier la mère mais encore, dans le même temps, prendre la place de la mère auprès du père.

Double crime. D'où une levée d'angoisse insoutenable qui entraîne l'inhibition devant la feuille blanche et devant la pensée. Se permettre de penser par soi-même est interdit. La culpabilité et la peur de la rétorsion provoquent la paralysie puisque dans l'inconscient règne la loi du Talion. Il s'agit ici, bien sûr, de l'inceste symbolique, de l'inceste fantasmé bien que parfois il se produise dans la réalité.

Lorsque la psychanalyse parle d'inceste, elle parle moins du fait réel ou de sa tentation qui sont des phénomènes conscients, que d'une sorte d'impulsion latente qui s'exerce à notre insu à l'intérieur de nous.

Si cette impulsion n'existait pas, l'interdit de l'inceste n'aurait pas lieu d'être. Cet interdit qui dicte à l'enfant de renoncer à ses premiers objets d'amour.

Freud fait du tabou de l'inceste le fondement de toute civilisation. Il semble en effet qu'aucune société ne l'ait admis même s'il y a eu des exceptions ; l'inceste pratiqué par les pharaons dans l'antique Egypte constitue l'une d'elles mais c'était le fait d'une minorité privilégiée, dans le but de maintenir la pureté du sang; plutôt l'exception qui confirme la règle.

Le patrimoine de l'humanité est rempli d'histoires qui racontent ce scénario originel. La plus célèbre étant celle d'Œdipe, le héros de la tragédie grecque, qui tua son père, épousa sa mère et se creva les yeux lorsqu'il apprit la vérité.

Le conte de *Peau-d'Ane* a bercé nos enfances. Un roi a perdu sa femme. Celle-ci est morte en donnant le jour à une petite fille qui grandit en beauté et en grâce jusqu'au moment où son père en devient amoureux. Chacun connaît la suite de l'histoire. Comment pour échapper à la convoitise de son père qui veut absolument l'épouser, la jeune fille s'enfuit du palais cachée sous une peau d'âne qui la rend méconnaissable et comment un prince jeune et beau la découvre un jour au fond de ses domaines au cours d'une chasse. Peau-d'Ane est devenue gardeuse de dindons. Chaque dimanche elle revêt sa robe couleur du temps ou sa robe couleur de lune ou sa robe couleur de soleil — comme ces simples mots nous font rêver — quand elle se retrouve seule dans la cabane où elle habite. Le jeune prince intrigué par les traces de vie qu'il devine autour de cette maison abandonnée, met l'œil à la serrure pour voir ce qui se passe à l'intérieur ; il découvre une femme éblouissante, que personne n'a jamais vue et dont il tombe aussitôt éperdument amoureux.

Cette histoire, que tous les enfants connaissent depuis des générations, montre bien qu'on n'a pas ignoré l'ambiguïté des relations père-fille bien avant que la psychanalyse ne les ait soulignées.

Peau-d'Ane n'a pas pris la fuite tout de suite lorsque son père a commencé à lui faire la cour. Elle a essayé de le décourager, de gagner du temps par des exigences de plus en plus grandes, avec l'espoir que son père finirait par renoncer à son projet. Mais chaque fois, il réussit à lui donner ce qu'elle désire, les belles robes couleur de soleil, couleur de lune, couleur du temps, jusqu'au moment où elle n'a plus d'autre issue que de s'enfuir en les emportant tout de même avec elle.

Peau-d'Ane renonce à sa position à la cour, à la richesse, pour le prix de sa liberté. L'humble position qu'elle a dû accepter pour vivre peut symboliser l'acceptation de la castration, autrement dit le renoncement à l'inceste qui ouvre l'accès à la vie adulte. Grâce à lui, elle se sépare de son père, rencontre un autre homme : « ils se marièrent et eurent beaucoup d'enfants ».

Ici, dans le conte, c'est le père qui veut coucher avec sa

fille tandis que dans le récit biblique que j'évoquais plus haut, ce sont les deux filles qui décident de coucher avec leur père. Loth ayant quitté Sodome se retrouve seul dans la montagne avec ses deux filles puisque ses autres enfants n'ont pas voulu quitter la ville maudite et que sa femme est restée sur le chemin.

Alors ses filles craignant de ne pas trouver d'hommes dans la contrée déserte décident de coucher à tour de rôle avec leur père afin de lui assurer une descendance. Elles l'enivrent et profitent de son sommeil pour mener leur projet à bonne fin. Il paraît tout de même assez douteux que Loth ne se soit rendu compte de rien. On peut supposer qu'il s'est laissé faire une douce violence car il aurait pu refuser de boire au-delà de la raison. Un homme responsable sait le moment où il convient de s'arrêter. On ne peut s'empêcher de penser à une complaisance de sa part et que la boisson est un alibi commode.

Se serait-il laissé abuser ainsi s'il n'en avait eu une secrète envie?

Là encore on retrouve l'ambiguïté.

Jusqu'à une époque récente, on ne parlait pas de l'inceste autrement qu'au travers de ces récits et légendes, c'est-à-dire au travers d'un déguisement symbolique, ou alors à la rubrique des faits divers. C'était un sujet tabou. Maintenant on le montre dans les films : *le Souffle au cœur*, de Louis Malle ou *la Luna* de Bertolucci par exemple ; dans les livres, dans les chansons, dans les journaux, à la télévision, au théâtre.

Ainsi l'autre hiver, une pièce d'Hugo Clauss a été mise en scène au théâtre. Il s'agit d'un inceste entre un père et sa fille. Au lieu de nous présenter une adolescente séduite par son père, comme c'est le cas le plus fréquent, ici l'auteur nous montre un père séduit par sa fille. Ce n'est pas nouveau comme en témoigne l'histoire de Loth mais ce qui est plus rare c'est la tendresse qui émane de cette pièce en dépit de sa violence qui met notre sensibilité à rude épreuve.

L'action se déroule dans un milieu fruste où on ne s'embarrasse ni de mots ni de subtilités. C'est cru, direct et poignant.

Poignant, parce qu'au-delà d'une réalité souvent brutale, il y a l'amour et sa déréliction, la vie et sa fatalité. Longtemps après que nous avons vu cette pièce elle continue de résonner en nous. Elle continue d'éveiller des échos concernant confusément la vie, la mort, l'amour.

Le père revient de prison où il a purgé une peine pour cet inceste dénoncé. Il retrouve sa femme qui pendant ce temps a eu un enfant d'un autre. Il y a seulement ces quatre personnages qui s'affrontent tour à tour : le père, la mère, l'amant de la mère et la fille que nous ne voyons pas sauf dans la tête du père qui l'évoque. Nous assistons ainsi à la scène de la séduction telle qu'il se la remémore avec quel effroi, quelle terreur et quelle nostalgie. Nous assistons à l'affrontement du mari et de sa femme, du mari et de l'amant. La fille est partie.

En quelques mots, en quelques gestes tout le décor du drame est planté. Toutes les conséquences, tous les bouleversements qu'un tel acte provoque à l'intérieur de la famille, sont présents. Nous touchons, ah comment dire... Nous touchons presque physiquement la passion de cet homme, la complexité de ses sentiments, sa honte, ses regrets, son accablement et nous en sommes émus.

Il est difficile d'aborder un tel sujet sans soulever la répugnance, le rejet et l'indignation. Au lieu de quoi, par la grâce de l'auteur, nous vivons avec chaque personnage et nous sentons bouger en nous toutes ces choses troublantes qui forment probablement le fond de nos relations avec les autres, ces autres qui nous sont si proches puisque nous en sommes issus.

Jalousie, désir, culpabilité, dégoût, révolte, amour, pitié, colère sont ainsi remués, et si pour finir, c'est la pitié qui l'emporte pour ceux qui nous sont présentés dans leur nudité et leur faiblesse c'est que nous savons leur ressembler.

Paradoxalement, la distance qui nous sépare des personnages qui se battent sous nos yeux avec les cris et la fureur de bêtes blessées permet de nous sentir proches d'eux. Tout ce que l'éducation, la bienséance, la culture recouvrent habituellement de leur manteau a soudain disparu pour laisser apparaître...

Apparaître quoi ?

Ce que nous passons notre temps à oublier, c'est-à-dire que la vie est tragique, que l'homme est à la fois coupable et non coupable, toujours pris entre la Loi et la Transgression, l'une n'allant pas sans l'autre.

Ainsi l'auteur nous incite à la compassion à l'égard du père.

Mais si nous sommes touchés, nous ne pouvons nous empêcher de penser cependant qu'un père, sensible à la provocation d'un enfant jusqu'à y céder, témoigne de sa faiblesse et d'une faille de sa personnalité. On peut lui trouver des excuses — on en trouve toujours dès que l'on cherche à comprendre — mais, en dépit des apparences, c'est tout de même lui qui mène le jeu, lui qui a le pouvoir de transformer ce jeu de la séduction en inceste agi. En fait l'attitude de l'enfant répond à la demande inconsciente de l'adulte. Nous sommes amenés à nous interroger sur les raisons qui ont poussé la fille à agir de cette façon ? Pour se conduire ainsi, ne fallait-il pas que tout un climat psychologique l'y ait prédisposée. Le passage à l'acte n'est alors que l'aboutissement d'une longue série d'événements, d'émotions, accumulés au cours des années. Pourquoi un enfant en arrive-t-il à éprouver cette fascination pour son père? Quel manque cherche-t-il, lui aussi, à combler.

De nouvelles questions se présentent à notre esprit : quels étaient les rapports entre la mère et la fille? ou plutôt quelle absence de rapports a permis qu'une telle chose soit possible? Entre le mari et sa femme également.

La conduite de l'enfant procède sans doute de raisons qui ont existé bien avant qu'elle ne prenne cette forme extrême. Pourquoi ce besoin, chez elle, d'aller jusqu'au bout de ce qui reste un jeu inconscient chez la plupart d'entre nous? L'inceste n'a été ici pour elle qu'un moyen parmi d'autres de se détruire et aussi peut-être une tentative désespérée pour trouver l'amour qui lui manquait.

Ce que cette pièce montre de façon exemplaire, c'est-à-dire amplifiée jusqu'à la caricature, c'est la vulnérabilité du père quand il n'est pas uni à la mère, ou à une autre femme, par une relation de désir qui d'elle-même mettrait une borne aux entreprises séductrices de la fille. Pour cette dernière, en effet, quand cette relation entre les parents est absente, l'interdit de l'inceste n'est pas franchement marqué.

Il est normal et même nécessaire qu'au cours de son développement la fille tente de séduire son père : elle en a besoin pour se reconnaître femme, elle a besoin d'être reconnue par lui pour se sentir femme. Mais le père doit lui montrer en même temps qu'il lui faut chercher ailleurs un objet qui pourra répondre à son désir. Lui, le père, appartient à une autre.

Elle doit chercher un objet hors de la famille comme lui-même l'a fait en son temps. D'où l'importance des relations du père avec sa propre mère. Dans la mesure où lui-même n'aura pas su ou pu se dégager de ses liens avec sa mère, dans la mesure où dans son inconscient il reste lié à elle et qu'elle reste toujours l'objet de son désir, il lui sera difficile de ne pas se montrer lui aussi séducteur à l'égard de son enfant, de ne pas répondre à la séduction par la séduction.

Pourquoi ?

Parce que l'économie de son désir est restée la même que lorsqu'il était un petit enfant, il n'a pas varié ses investissements. Il ne peut aimer son enfant que sur ce mode captateur puisqu'il n'a pas effectué, pas complètement tout au moins, le renoncement à l'inceste. Autrement dit il n'a pas accepté la castration.

Le propre désir incestueux du père, toujours inassouvi, entre alors en résonance avec celui de son enfant, dès lors sa réalisation dépend des circonstances, de la forme des défenses qui s'y opposent, de la force du Moi du père et de celle de l'enfant. La plupart d'entre nous ne commettent pas d'inceste dans la réalité comme le père et la fille que nous avons vus dans cette pièce, et la plupart d'entre nous ont effectué ce renoncement sans que nos parents aient eu forcément une relation amoureuse véritable.

La vie apporte toutes sortes de variantes, d'atténuations, de nuances à ce schéma explicatif que nous donne la psychanalyse. La vie ne se laisse pas si facilement enfermer dans des modèles rigides.

S'il fallait toujours, pour sortir de la situation œdipienne, que le père et la mère soit dans cette relation de désir pour reprendre encore une fois cette expression chère à Françoise Dolto [1], peu d'entre nous seraient

1. Pédiatre et psychanalyste.

capables d'y parvenir. Il y a heureusement d'autres forces d'attraction qui aident l'enfant à franchir ce passage, à sortir de la famille où il risque d'étouffer: l'école, les copains, d'autres modèles, d'autres exemples.

Qu'une dimension incestueuse soit sous-jacente aux relations des parents avec leurs enfants et, en particulier, à celle des pères avec leurs filles qui nous intéresse ici, est vérifié couramment comme en témoigne le récit que me fit un père récemment.

Sa fille et lui étaient depuis toujours les meilleurs amis du monde, s'accordant sur tout, vibrant aux mêmes émotions avec cette entente qui caractérise l'état amoureux. Cela durait depuis qu'elle était toute petite jusqu'au moment où cette enfant devint une jeune fille jolie, attirante, pleine de charme. Ils continuèrent à se conduire l'un envers l'autre comme ils l'avaient toujours fait, en toute innocence, parce que les choses changent imperceptiblement et qu'on ne s'en aperçoit pas lorsqu'on vit ensemble.

Elle continuait à venir s'asseoir sur ses genoux comme lorsqu'elle était petite, elle se serrait contre lui, l'embrassait et puis un jour il s'aperçut brutalement qu'il la désirait. Il prit conscience soudain qu'elle était une femme et non plus cette petite fille qu'il avait continué à voir en elle.

Le ciel lui fût tombé sur la tête qu'il n'eût pas été plus atterré. Il s'éloigna d'elle, cessa de répondre à ses caresses, adopta une attitude de froideur qu'elle lui rendit aussitôt comme si elle avait compris quelque chose de ce qui se passait en lui. Ils furent malheureux chacun de leur côté sans rien se dire bien sûr. Il avait réagi sans même réfléchir, dans un réflexe de fuite éperdue devant l'expression concrète de ses sentiments.

Expression cependant qui n'avait rien d'anormal, car pour être père on n'en est pas moins homme!

Mais c'est en effet une épreuve pour un père, car il ne sait pas, il ne sait plus, comment se situer à la bonne distance de sa fille. Quand celle-ci avec beaucoup de naïveté se précipite à son cou et se serre contre lui, comment se comporter? Comment peut-il rester insensible à tant de jeunesse et de grâce, ne pas être ému par cette jeune femme qui est en même temps sa fille.

Quels sont les hommes qui demeurent insensibles au charme ambigu de l'adolescente qui n'est plus tout à fait une enfant et pas encore tout à fait une femme, qui joue avec le feu sans savoir qu'il peut brûler, dont la séduction est d'autant plus grande qu'elle est sans artifice.

Leur idylle se termina brutalement. Sa fille se maria rapidement tandis que lui, à l'instar du père de Nora, s'éprit follement d'une femme qui aurait pu être sa fille, ce qui était, somme toute, une façon d'agir son désir incestueux par un détour qui le rendait inoffensif. Relativement inoffensif puisque nous ne pouvons jamais mesurer les conséquences de nos actes sur la vie des autres.

Nous trouvons des compromis avec le désir, des solutions et des échappatoires plus économiques que la transgression de l'interdit dans la réalité, même si cela nous coûte parfois fort cher.

Cela nous coûte fort cher en effet, parce que l'inconscient ne faisant pas de différence entre la pensée et l'action, nous nous punissons souvent d'un délit que nous n'avons pas commis réellement, en même temps que nous maintenons ainsi l'illusion que nous pourrions tout de même satisfaire ce désir. Ainsi de l'inceste. Pour l'avoir inconsciemment désiré, nous nous sentons irrationnellement coupables d'y avoir succombé et toute notre conduite va viser à l'éviter ou à le poursuivre dans nos fantasmes, ce qui nous amène aux situations de compromis dont je parlais à l'instant. Rien ne prouve ici, encore une fois, que le mariage de la fille n'ait pas été une réponse à l'éloignement subit de son père, plutôt qu'une décision fondée sur un sentiment vrai. Mais enfin c'était une solution d'urgence face à une situation trop difficile à assumer sur le moment. Beaucoup de nos actes sont ainsi déterminés par des facteurs inconscients étrangers à la situation telle qu'elle apparaît extérieurement de sorte que nous croyons agir librement alors que nous sommes des marionnettes. De son côté le père en se plongeant dans cet amour-passion pour une jeune femme, réalisait son désir tout en l'évitant. Non sans y laisser une partie de sa peau comme celui qui abandonne un bras dans la machine où il se trouve coincé pour sauver le reste.

Nous disposons heureusement de cette capacité d'inventer des solutions inconsciemment, fussent-elles de fortune, qui nous permet de faire face aux problèmes que la vie met sur notre chemin.

Que ces solutions soient souvent boiteuses est une autre histoire.

Il s'agit des solutions employées par les névrosés — autant dire par la plupart d'entre nous — non des solutions véritablement pathologiques auxquelles ont recours ceux qui, justement, ne peuvent réaliser de compromis.

Nous ne créons pas ces situations, pourtant nous avons tendance à nous y retrouver si souvent, qu'un œil attentif pourrait y déceler cette compulsion de répétition que la psychanalyse a si bien décrite.

Qu'est-ce que la répétition?

Concrètement cela veut dire que nous nous retrouvons toujours dans les mêmes situations, si différentes qu'elles puissent nous apparaître, sans remarquer le lien qui existe entre elles. En réalité nous reproduisons sans le savoir, une situation déjà vécue par nous dans notre petite enfance ou par un de nos ascendants.

Freud a parlé de compulsion de répétition pour en marquer l'aspect contraignant auquel nous ne pouvons échapper puisque nous ignorons l'origine et même l'existence de ce modèle à l'intérieur de nous.

Songez, par exemple, à ces hommes qui divorcent plusieurs fois pour se retrouver toujours avec le même type de femme. L'inverse étant tout aussi vrai. Il y a peu de temps, faisant la connaissance du premier mari d'une de mes amies, j'ai eu la surprise de voir qu'il était la réplique, au moins physique, du second, à un degré que je n'aurais jamais imaginé, à se demander pourquoi elle avait changé d'homme, mais je doute que mon amie se soit rendu compte de cette ressemblance.

On peut se demander pourquoi aussi certaines personnes accumulent les accidents, pourquoi certaines se font toujours gruger, pourquoi d'autres échouent toujours dans leurs entreprises comme si toutes étaient poursuivies par une fatalité. Chacun d'entre nous pourrait trouver des exemples de ces conduites répétitives qui semblent seulement dues au hasard. Celui-ci en l'occurrence a bon dos.

Ceux qui sont pris dans cette espèce de répétition, ne peuvent modifier leur comportement en fonction de leurs expériences, celles-ci ne leur servent à rien. Quelque chose à l'intérieur d'eux-mêmes s'oppose à l'exercice de leur intelligence. Les événements vécus passent sur eux sans qu'ils en tirent la leçon comme si un écran les empêchait de voir l'ensemble de la scène, leur interdisant d'établir les liens de cause à effet et d'en tirer des conclusions. Ce que dans tout autre domaine, hors l'affectif, ils ne manqueraient pas de faire.

L'inceste accompli est relativement rare quoique probablement plus fréquent qu'on ne croit. Il existe plus souvent entre père et fille qu'entre mère et fils encore une fois.

On le trouve dans tous les milieux avec cependant une incidence plus grande aux deux extrêmes, semble-t-il, de la société. Dans les couches les plus défavorisées où la promiscuité, la misère, l'alcoolisme favorisent ce type de comportement, et, à l'opposé, dans les classes sociales les plus élevées ce qui à première vue s'explique moins bien. Peut-être parce que l'argent et la puissance permettent de s'affranchir plus facilement des lois communes, ou parce que les liens familiaux y étant souvent beaucoup plus distendus que dans les classes moyennes, les enfants souffrent de manques affectifs importants qui les rendent plus vulnérables et plus sensibles aux sollicitations sexuelles des adultes, sans parler de l'alcoolisme qui n'est pas absent là non plus et là comme ailleurs, lève les inhibitions protectrices.

On peut supposer que bien des incestes pères-filles ont été perpétrés depuis la nuit des temps, enfouis dans le secret des familles, sans qu'il y ait eu pour les protagonistes de séquelles désastreuses décelables. Nous n'avons jamais à connaître que le pathologique.

Mais parfois les effets ne se manifestent qu'aux générations suivantes. Ainsi cette jeune femme, fille d'une mère née d'un inceste, qui portait sur ses épaules le poids d'un événement survenu dans un lointain passé.

Le secret de la naissance de sa mère dont elle avait eu connaissance par hasard, avait cheminé à la façon d'un cancer qui peut couver des années et faire ses ravages sans que la personne qui le porte en soit informée avant qu'il soit trop tard. Cela fait penser au verset de la Bible : « Vous avez mangé des raisins trop verts et vos petits-enfants en auront les dents agacées. » La culpabilité de la grand-mère pesait sur la petite-fille.

Il est fréquent en clinique de constater les méfaits de ce qui n'a pas été dit. Les enfants devinent ou pressentent ce qu'on leur cache de leur origine avec une sorte de divination et cette connaissance dont ils ne peuvent pas parler, à la fois faute de mots pour le dire et aussi parce que les enfants respectent le silence des adultes, cette connaissance ou plus exactement cette prescience, se transforme en angoisse qui trouve alors des moyens d'expression variés : maladies psychosomatiques, troubles du comportement, difficultés scolaires.

Cela étant, on peut pourtant se demander s'il n'y a pas des non-dit bénéfiques ? Si le silence n'est pas parfois préférable à la parole même vraie ?

Il n'y a sans doute pas de règles à cet égard, seulement des cas d'espèce qu'il faut essayer d'apprécier sans idées préconçues. Un roman d'André Maurois faisait ainsi l'éloge du non-dit. Il s'appelait, autant que je m'en souvienne, *L'Instinct du bonheur*[1]. On y voyait une famille unie et heureuse composée du père, de la mère et de la fille. Cette dernière allait se marier.

Où est le drame ? En ceci que les papiers d'état civil dont la jeune fille allait avoir besoin pour l'occasion, révéleraient que celui qu'elle croyait son père ne l'était pas, elle apprendrait que sa mère lui avait caché qu'elle était une fille naturelle ce qui à l'époque où ce roman fut écrit, avait un poids tout autre qu'aujourd'hui.

1. *L'Instinct du Bonheur,* Grasset, 1934.

La pauvre mère tombe malade à l'idée que sa fille va découvrir son secret, qu'elle va la mépriser et lui en vouloir. Elle imagine les pires réactions jusqu'au jour où s'étant enfin résolue à parler, elle s'aperçoit que sa fille et son mari étaient au courant depuis longtemps. Ils s'étaient tus tous deux à leur tour pour ne pas la troubler avec cet instinct qui donne son titre au livre. L'auteur voulait montrer qu'il est parfois sage de respecter les zones d'ombre de ceux que nous aimons pour préserver notre bonheur — il est vrai que c'est un mot qui n'a plus cours de nos jours : le bonheur. Pourtant, le mensonge par omission est quelquefois de son côté. Tout dépend des circonstances et du caractère de ceux qui y sont mêlés.

Encore une fois, je ne crois pas qu'il y ait de règles valables dans tous les cas et pour tout le monde, même si, d'une façon générale, il est préférable de dire la vérité comme on ouvrirait un abcès afin d'en faire sortir le pus.

Quand il s'agit d'inceste, la honte et la culpabilité dont il est fatalement entouré rendent l'aveu difficile. Comment dire à son enfant : « Tu es né d'un inceste » ?

Ici une question de nouveau se pose : le tabou de l'inceste est-il seulement une survivance archaïque de notre société puritaine, dont nous aurions tout avantage à nous défaire, comme semblent le dire un certain nombre de sociologues ou de psychiatres, tel le Dr Fanti [1] pour ne citer que celui-là, qui vient de publier un livre sur le sujet ? Ou bien cette tendance actuelle à l'abandon d'un tabou si profondément ancré dans la psyché que beaucoup y ont vu le fondement même de la civilisation est-elle le symptôme, au contraire, d'un

1. Psychiatre et psychanalyste, *Jusqu'où aimer ses enfants*, Buchet/Chastel, 1985.

désordre de l'esprit qui, dans cette période de fin du monde ou, plus exactement, de fin d'un monde, viendrait s'ajouter à tant d'autres, achevant de nous rendre incertains et désorientés. Est-ce le signe que la famille qui a été pendant si longtemps l'axe de notre société achève de se désagréger sous nos yeux?

Homosexualité, inceste, ces conduites ne vont-elles pas dans le sens d'une atteinte à la continuité de l'espèce dont la famille était en quelque sorte garante.

Bien sûr ces conduites ont existé de tout temps mais elles étaient sinon plus rares, du moins tenues secrètes, encore moins revendiquées comme un droit, sauf peut-être, justement, au moment du déclin d'une société, à certaines périodes de l'histoire.

Aucune société n'a jamais vécu sans règles de vie communautaire, c'est-à-dire sans lois qui régissent les échanges entre les membres d'une même communauté.

La sexualité a à voir avec la société qu'on le veuille ou non. Elle n'est pas seulement une affaire privée dès lors que plusieurs individus de sexe et d'âge différents vivent ensemble. L'inceste de tout temps et en tout lieu a fait l'objet d'un interdit. Interdit d'autant plus fort que la promiscuité était plus grande, comme par exemple au Moyen Age quand toute la famille partageait le même lit sans souci du sexe ni de l'âge [1].

Que ce soit l'inceste père-fille ou mère-fils, ce dernier étant des deux le plus nocif, semble-t-il, mais aussi le plus rare, sans doute parce que le fils couchant avec sa mère retourne à son lieu d'origine autrement dit la mort. Le film de Visconti *les Damnés* le montrait avec force dans l'apparition tragique et blafarde de la mère et du fils après qu'ils eurent consommé l'inceste.

---

1. Flandrin, *Familles*, Hachette, 1976.

Que ce soit l'un ou l'autre cependant, l'inceste accompli a quelque chose à voir avec la psychose, avec le repli narcissique sur soi, avec la régression, le retour au même. Alors que la vie est expansion, ouverture, ce qui m'incline à penser que toutes ces conduites de transgression vont dans le sens de la pulsion de mort. Pour la psychanalyse la pulsion de mort désigne cette tendance de tout organisme vivant à retourner à l'inanimé, soit un état où toutes les tensions sont abolies. La mort en étant la réalisation la plus totale. Par extension, la pulsion de mort désigne toutes les conduites de destruction dirigées contre soi ou contre les autres.

Il est probable que ces comportements apparaissent en plus grand nombre durant ces périodes de transition comme celles que nous sommes en train de traverser, où les tensions entre la pulsion de vie et la pulsion de mort se font plus violentes; jusqu'au point de rupture éventuel qui risque de donner le pas à la mort sur la vie.

Ce n'est plus cependant comme autrefois le refoulement de la sexualité qui oppresse les individus mais la perte du sentiment que la vie vaut la peine d'être vécue. C'est ainsi que l'hystérie a cédé la place à la dépression. Assez curieusement on peut se demander d'ailleurs si la psychanalyse elle-même n'a pas contribué à cette perte d'intérêt, à ce désenchantement, en nous privant des illusions qui donnent à la vie sa chair, ses résonances, ses chatoyantes couleurs, sa poésie enfin qui sont les ressorts de l'action. La transgression exerce peut-être alors une fascination plus grande en ce qu'elle donne du piment à une vie qui a perdu son goût.

Le tabou de l'inceste émane du conflit qui oppose les structures sociales aux pulsions sexuelles, du conflit entre l'individu et l'espèce. Encore une fois aucune société n'a pu s'en passer jusqu'ici. Ce qui rend le problème plus délicat et controversé de nos jours, c'est sans doute parce que pour la première fois le rapport sexuel se détache de la procréation. Dès lors la nécessité de l'interdit de l'inceste ne s'impose plus avec la même évidence. Même si ce qui nous sépare des animaux risque de disparaître en même temps que lui.

Entre père et fille tout se joue dans une marge étroite : la fille doit séduire son père et, en même temps, elle ne doit pas. Si elle ne le séduit pas, elle ne prend pas sa place de femme, si elle le séduit, elle transgresse le tabou de l'inceste.

En somme elle doit marcher sur un fil sans penser au vide où elle risque de tomber si elle est prise de vertige, heureusement la plupart du temps elle n'y pense pas.

Quant à lui le père, s'il doit lui offrir un miroir où elle se verra femme, il n'est qu'un miroir, c'est-à-dire une surface qui reflète et seulement cette surface.

Tant de femmes épousent leur père, inconsciemment bien sûr. Elles croient retrouver dans un homme l'image idéale qu'elles portent en elles-mêmes, leur image de référence, et il est rare qu'elles ne soient pas déçues. Comment un homme pourrait-il correspondre, en effet, à cet idéal qui leur reste de leur enfance quand le père était ce géant tout-puissant, Dieu le père en vérité. Qui pourrait rivaliser avec ce modèle qui ne s'est pas modifié avec les années.

On peut se demander pourquoi certaines femmes restent ainsi prisonnières de cette figure infantile. Il semble là que la responsabilité du père soit grande, dans la mesure où dans ce jeu de la séduction entre sa fille et lui, il a dû sortir imperceptiblement des règles. Encore que responsabilité ne soit pas le mot qui convient puisqu'il a agi ainsi en fonction, lui aussi, de ses propres images de référence. Alors?

Alors, comment sortir de ce cercle vicieux ou de ce manège fou, à croire qu'un Dieu pervers en a décidé ainsi depuis le commencement des temps.

En allant voir qu'il n'y a personne.

Au milieu de la nuit, elle dort. Soudain elle est réveillée par un bruit terrible. Le cœur battant elle écoute... Plus rien. Pourtant elle a bien entendu. Elle croit entendre des pas furtifs, son cœur accélère cognant contre les côtes, elle se recroqueville dans son lit, remonte les genoux sous le menton, enfouit sa tête dans l'oreiller. Elle essaie de se rendormir mais le moindre craquement la fait sursauter, son estomac se contracte en durs noyaux, pour un empire, elle ne sortirait pas de son lit.

Pourtant si elle avait eu le courage de descendre et de faire le tour de la maison, elle aurait vu qu'un tableau était tombé, provoquant ce bruit énorme dans la nuit. Au lieu de grelotter de peur jusqu'au matin, elle aurait pu se rendormir tranquillement, complètement rassurée: pas de voleurs, pas de fantômes, pas d'assassins. Personne.

Juste un tableau d'ancêtre, naturellement, qui s'était cassé la figure.

UN ASSASSINAT

Quoi, cette enfant que j'adore vous me dites que je l'ai assassinée ! Que je l'ai empêchée par un amour dévorant, un amour sans réflexion, sans retour sur soi, sans questions sur le bien-fondé de telle décision, telle attitude vis-à-vis d'elle, de se développer, autrement dit d'atteindre, à l'intérieur des limites imposées par le patrimoine génétique, qu'aucun environnement fût-il parfait ne peut modifier, le maximum de développement !

Que pouvais-je faire de plus que ce que j'ai fait ?

J'ai pourvu à ses besoins. Malade je l'ai soignée, petite je l'ai fait jouer, je l'ai emmenée promener, je lui ai consacré mon temps chaque fois que mon travail m'en laissait le loisir. J'ai travaillé comme un fou pour lui assurer le confort, le bien-être, l'aisance, pour assurer son avenir dans la mesure où je pouvais le faire dans le monde où nous vivons, bref je l'ai aimée comme la prunelle de mes yeux, comme un prolongement de moi-même dans lequel je ne me reconnaissais pas toujours. J'ai souffert de son ingratitude, de son éloignement ; lorsqu'elle a quitté la maison j'ai cru mourir de chagrin et vous venez me dire que je l'ai assassinée ! L'indignation et la colère me suffoquent. Comment osez-vous?

Vous, avec votre esprit tortueux de « psy », vos ratiocinations de malade.

J'ai agi, j'ai travaillé, je n'avais pas le temps de m'interroger. J'ai fait ce que j'ai pu pour elle, que vouliez-vous que je fasse de plus? Je lui ai donné toutes ses chances, à elle de les saisir et d'en faire bon usage.

Que me chantez-vous là!

Suis-je coupable si elle n'a pas travaillé en classe, suis-je coupable d'avoir attaché plus d'importance à sa santé qu'à sa scolarité? Suis-je coupable de l'avoir gardée près de moi plutôt que la mettre en pension quand les circonstances ont voulu qu'elle ne puisse plus aller en classe faute d'école où nous habitions? Suis-je coupable d'être un lutteur, un homme d'action qui fonce? Comment pouvais-je à la fois mener à bien ce que j'avais entrepris, qui réclamait toutes mes forces, toute ma volonté, toute mon attention et avoir encore le temps d'être à l'écoute des états d'âme de mon enfant? S'était-on soucié des miens lorsque j'étais moi-même un enfant?

Ma fille était ma joie, mon repos, mon délassement. Elle était en bonne santé, elle était vive et gaie; je jouais souvent avec elle; pourquoi aurais-je le sentiment de l'avoir abandonnée à elle-même? Bien sûr, parfois elle venait me trouver, elle me posait des questions que j'écartais d'une boutade ou d'une fin de non-recevoir; ses préoccupations existentielles me semblaient des enfantillages, un galimatias sans intérêt. La philosophie m'est toujours apparue comme un ensemble d'élucubrations pour des gens complètement en dehors de la réalité, je n'ai pas pensé que c'était important pour elle, qu'elle me demandait de l'aider; c'est vrai, je n'ai peut-être pas su l'écouter comme il aurait fallu. Enfin que voulez-vous, j'étais ainsi, c'est la seule chose que je peux me reprocher. Je ne l'ai pas aidée dans ses études, je ne me suis pas intéressé à son itinéraire. Mais moi personne ne m'avait aidé à faire mes devoirs, j'ai toujours suivi la classe sans problèmes, pourquoi n'en n'aurait-elle pas fait autant et puis une fille avait-elle besoin de faire des études poussées? Une bonne culture générale ne lui suffisait-elle pas?

Je suis vieux jeu, je date, que voulez-vous, pour moi, une fille se mariait, avait des enfants, restait à la maison pour s'en occuper. Alors les diplômes, non vraiment, cela ne me paraissait pas indispensable.

Vous dites que je l'ai écrasée, que je lui ai offert un modèle trop lourd, que je l'ai retenue dans les rets d'un amour possessif mais, bonté divine, je ne l'ai pas enfermée!

Qu'est-ce que vous me racontez là?

Qu'il y a des liens subtils dont il est plus difficile de s'affranchir que des murs réels d'une prison?

Vraiment je ne comprends rien à ce que vous dites et je me retiens de ne pas vous flanquer dehors avec un coup de pied au derrière.

Finalement vous êtes en train de me dire que je n'aimais pas ma fille ou du moins que je l'aimais si mal que je l'ai empêchée de vivre.

J'en ai la gorge qui se serre.

Un assassinat. Mon enfant chérie. C'est une absurdité et c'est cruel. Qu'aurais-je dû faire? ou ne pas faire. J'ai l'impression soudain de... ah, comment dire... Vous savez ce qu'on ressent quand on a reçu un coup de poing à l'estomac. Je suis plié en deux et j'ai peine à retrouver mon souffle, à rassembler mes esprits. Si ma fille n'a pas su utiliser ses potentialités, en suis-je responsable? Si elle a fait un mauvais choix quand elle s'est mariée, c'est elle qui a choisi, pas moi. En quoi cela me concerne-t-il?

Vous dites qu'elle m'a cherché, qu'elle a cherché dans les autres hommes l'image qu'elle s'était faite de son père... Pouvais-je l'empêcher de former cette image, pouvais-je être différent de ce que j'étais? Si j'avais été différent, vous auriez trouvé aussi quelque chose à me reprocher. De toute façon, j'aurais mal fait. Ce n'est pas moi qui le dis mais votre cher Freud.

Qu'avez-vous à répondre à cela?

Que je ne suis pas honnête intellectuellement, que je refuse de m'interroger, que j'aurais pu agir autrement avec un minimum de réflexion, que j'ai aimé cette enfant comme une partie de moi-même au lieu de l'aimer comme un être autonome qui a droit au respect, à ce qu'on respecte son désir propre. Que savais-je en effet de ses désirs? On croit toujours connaître ses enfants mieux qu'ils ne se connaissent eux-mêmes et puis un jour on s'aperçoit que ce n'est pas vrai. Quand ma fille a quitté la maison contre ma plus expresse volonté, je me suis heurté à une étrangère; en fait je n'ai rien compris. Je n'ai pas compris qu'elle fuyait la maison plus qu'elle n'allait rejoindre un homme. Elle ne le savait pas elle-même à l'époque. C'était un prétexte, elle me fuyait. J'étais trop autoritaire. J'ai manqué de compréhension à son égard, d'amour finalement... Vous êtes content, je vais finir par vous donner raison.

Sur le moment j'ai terriblement souffert de son départ. La colère m'emplissait d'amertume, je l'ai accusée d'ingratitude et de folie. L'idée ne m'a pas effleuré que j'avais peut-être ma part de responsabilité dans ce qui arrivait. Lui avais-je laissé un autre choix?

Si seulement j'avais compris, j'aurais trouvé ce qu'il fallait dire pour la retenir.

Vous voyez, on n'en sort pas. Je n'avais qu'une envie : la retenir par tous les moyens.

Elle est partie en dépit de toute ma volonté. Je n'étais plus qu'un homme blessé. Je l'ai haïe. J'avais envie de lui faire mal, de la battre, de l'écraser, de la réduire à merci. Et puis, petit à petit, je me suis calmé ; je l'ai revue, je l'ai fait pleurer... Content d'avoir encore ce pouvoir, content de me venger de sa trahison, oui c'est le mot que j'employais. Je sais ce que vous pensez, c'est un mot d'amant pas celui d'un père.

Vous me faites rire ! Comme si l'amour quel qu'il soit n'est pas toujours le même. Interrogez tous les pères, vous verrez ce qu'ils vous répondront s'ils sont honnêtes.

Oui, j'aimais ma fille : je n'avais pas envie de la voir partir avec le premier imbécile venu.

Ne me regardez pas comme ça. Je suis en train d'apporter de l'eau à votre moulin.

Je l'ai peut-être mal aimée.

Mais c'est ce mot d'assassinat qui m'a fait bondir. Vous y allez fort !

J'étais exigeant à son égard, je voulais qu'elle soit brillante, intelligente, rapide, je ne supportais pas qu'elle comprenne moins vite que moi alors je me moquais d'elle ou je la houspillais, ce n'était pas méchant. Je voulais aussi qu'elle soit intrépide, qu'elle n'ait peur de rien, qu'elle grimpe aux arbres, coure plus vite que les autres enfants, qu'elle soit la première partout, qu'elle soit le garçon que j'aurais tant désiré avoir. Mais, c'est vrai, je lui demandais aussi d'être une fille soumise, il fallait qu'elle obéisse au doigt et à l'œil. Oui, c'était contradictoire. Je me suis conduit parfois comme un rustre. Mon Dieu, pourquoi m'obligez-vous à réfléchir à tout cela avec vos questions ? De toute façon il est trop tard. Même si j'avais fait plus attention, si je m'étais penché sur elle en me mettant à « l'écoute de son désir », comme vous dites si bien, croyez-vous que cela aurait changé grand-chose ? Vous ne répondez pas ? Vous savez, en partant elle s'est tout de même révoltée contre moi. Finalement ce n'était pas si mal. Je lui en ai beaucoup voulu, cela m'a fait mal comme un désaveu, une insulte, une trahison, ça je l'ai déjà dit, mais en même temps cela m'a plu. A l'époque je ne l'aurais jamais avoué mais j'étais plutôt content qu'elle m'ait tenu tête. Elle était de ma race, je me reconnaissais en elle. Je l'ai regardée avec d'autres yeux, peut-être avec respect. Pour la première fois j'avais devant moi une personne qui existait indépendamment de moi.

Que dites-vous ?

Que j'aurais dû m'en apercevoir plus tôt, sans la pousser à cette extrémité par mon incompréhension et mon exigence. Que la révolte a été son seul moyen de s'affirmer en face de moi.

C'est difficile, j'étais ainsi avec tout le monde, pourquoi aurais-je été différent avec ma fille ?

Elle est partie, elle m'a suffisamment puni, vous ne croyez pas ?

Cela voulait dire que je ne l'avais pas complètement assassinée pour reprendre vos termes outrés.

Evidemment il eût mieux valu sans doute qu'elle travaille plutôt que de se lancer ainsi à tête perdue dans le mariage, mais je ne lui avais pas laissé tellement de choix. On ne prend pas un parti aussi extrême sans se faire mal à soi-même...

Je commence un peu à comprendre ce que vous vouliez dire en parlant d'assassinat.

Attendez, j'essaie de mettre les choses bien à plat.

Je ne sais pas si vous vous rendez compte de ce que ça

représente pour un père aimant, vous ne pouvez me dénier cela, pour un père aimant de s'entendre dire ou d'être amené à reconnaître qu'il s'est trompé, qu'il a en quelque sorte mal agi avec son enfant. C'est une douleur difficilement supportable.

Si j'ai foncé comme un bulldozer, c'est que j'étais fort. Je ne faisais pas attention aux autres. De ma fille j'attendais la même chose. Je n'ai pas pensé qu'elle était plus faible et que je risquais de l'écraser par mes exigences.

Je n'aime pas les faibles ou du moins la faiblesse, je niais donc que ma fille pût l'être, enfin je n'ai jamais beaucoup songé à ces choses... C'est difficile à exprimer.

— Pourquoi parler de faiblesse?

— Mais parce que si je l'ai écrasée, c'est bien ce que vous semblez dire, c'est qu'elle était trop faible, ce qui était impensable pour moi. Et puis c'était m'attribuer une importance trop grande. Comment vouliez-vous que je pense à l'influence que je pouvais avoir sur elle; on n'y pense jamais. Surtout les gens comme moi qui agissent avant tout! L'introspection me paraît un défaut morbide, je ne me suis jamais appesanti sur moi-même, je déteste couper les cheveux en quatre. Il a fallu l'âge pour que j'accepte de répondre à vos questions et pour me mettre à réfléchir. Et encore, j'ai bien failli vous envoyer balader.

Bien que nous soyons arrivés à dialoguer et que j'aie même reconnu le bien-fondé de vos critiques, je ne suis pas certain qu'une attention plus grande à l'égard de ma fille aurait abouti à de meilleures relations entre elle et moi. Croyez-vous que le souci constant d'être parfait conduise à des relations plus sincères et plus vraies que celles qui se créent entre gens moins avertis, moins soucieux d'être des parents parfaits? Je n'en suis pas sûr.

En théorie cela devrait en effet changer quelque chose, « changer la vie » pour reprendre les mots de Rimbaud que « 68 » a mis sur toutes les lèvres, même les vieilles comme les miennes.

Je lis sur votre visage ce que vous êtes en train de penser : que je me cherche des excuses.

Vous m'avez forcé à m'interroger sur ma conduite, j'essaie de comprendre...

De quoi s'agit-il au juste?

— Peut-être d'amour.

— Vous n'allez pas recommencer. Je veux bien reconnaître tout ce que vous voulez mais ne me dites pas que j'ai manqué d'amour.

Vous ne dites rien?

Cessez de me regarder ainsi. On aime avec ce qu'on est. Comme je suis égoïste, autoritaire, parfois mesquin, jaloux, possessif, mon amour me ressemblait. C'est là où vous voulez en venir, n'est-ce pas? A ce que je m'aperçoive que je suis un assassin; « on est tous des assassins », qui a dit ça?

Je voulais un garçon. Dieu que j'ai été déçu quand elle est arrivée celle-là ! J'ai eu envie de la jeter par la fenêtre. Déjà l'assassinat. Je ne m'intéressais pas à elle durant les premiers mois de sa vie. Après, quand j'ai commencé à la voir, je m'amusais à la faire sauter en l'air; elle hurlait ! je n'aurais pas dû insister mais je ne me rendais pas du tout compte qu'elle pouvait être réellement terrorisée, elle se réfugiait dans les bras de sa mère qui la consolait.

Quand elle a grandi nous sommes devenus très proches au contraire. Lorsqu'elle a eu douze, treize ans, je suis devenu fier d'elle, je la découvrais intelligente, nous parlions beaucoup et j'y prenais un réel plaisir. Et puis cette entente a cessé, elle s'est éloignée de moi. Je n'ai pas cherché à comprendre pourquoi, j'ai attribué cela à la crise de l'adolescence, je ne l'ai sûrement pas aidée à la surmonter. C'est drôle, je n'avais jamais pensé à cet aspect des choses. Je n'ai jamais vu que mon côté à moi, jamais le sien. Ni quand elle était bébé ni plus tard. Quand elle ne réussissait pas en classe, je ne la grondais pas. Je n'y attachais que peu d'importance, je vous l'ai dit. Pour une fille les études ne comptaient pas à mes yeux, mais je lui témoignais du mépris, c'était pire. Je trouvais qu'elle n'était pas à la hauteur. Je ne pensais pas que je pouvais être pour quelque chose dans ses échecs, par exemple quand nous lui avions fait changer d'école un nombre incalculable de fois, je ne sais plus pour quelles raisons qui n'avaient rien à voir avec elle. Nous n'avions pas pensé, ma femme et moi, que cela nuirait à ses études puisque nous n'y attachions pas d'importance. Et je n'aborde pas l'atmosphère de la maison qui était loin d'être bonne, vous vous en doutez. Il semble que ce ne soit pas idéal pour un enfant. Du moins c'est ce qu'on dit maintenant dans les livres. Autrefois on croyait que les enfants étaient trop petits pour comprendre ce qui se passait entre les parents et en souffrir. Pourtant, maintenant que j'y pense, je me souviens d'une lettre que ma fille avait adressée au Père Noël, quand elle était toute petite. Elle lui demandait de faire en sorte que ses parents s'entendent mieux, plutôt que de lui apporter des jouets, ou quelque chose dans ce goût-là. J'en avais eu les larmes aux yeux.

Une autre fois, un peu plus tard, lorsque j'étais venu l'embrasser dans son lit avant de dormir, elle avait mis ses bras autour de mon cou pour me chuchoter dans le creux de l'oreille: « papa je t'en prie essaye d'être plus gentil avec maman » ; c'était une période, en effet, où les choses allaient très mal entre nous et ma femme passait son temps à pleurer, ce qui m'exaspérait. J'avais été ému de la remarque de ma fille sans penser réellement qu'elle pouvait souffrir de nos querelles. Pourtant c'est bien à cause de mes filles que j'ai renoncé à divorcer. Durant quelques années ma femme est partie deux ou trois mois chaque hiver avec sa fille, nous avions chacun la nôtre sans que nous ayons pensé un seul instant à nous demander si cette disposition leur convenait. L'aînée restait donc avec moi tandis que la petite accompagnait sa mère. Elles étaient trop jeunes pour donner leur avis et, d'ailleurs, elles n'auraient sans doute pas osé le faire si elles en avaient eu l'idée. Il s'est développé entre elles une jalousie dont nous ne nous expliquions pas l'origine, qui nous navrait ma femme et moi. Mais pour nous, c'était leur nature, leur caractère ; elles étaient comme ça. Jamais je n'ai pensé que notre façon d'agir avait pu avoir une influence sur la leur. Ça alors, il a fallu que vous veniez avec vos insinuations... Enfin je n'aime pas du tout m'attarder sur le passé, à quoi ça sert ! S'il en était encore temps je pourrais agir mais, maintenant, c'est trop tard. Vous êtes venu trop tard. Pour être honnête, je dois dire que si vous étiez venu plus tôt je vous aurais réellement jeté dehors. J'étais trop impatient, trop sûr de moi, trop entier pour accepter de prêter attention à vos balivernes qui n'en sont pas toujours, je le reconnais, vous avez raison sur beaucoup de points bien que finalement vous n'ayez pas dit grand-chose ; ça c'est exaspérant. C'est étonnant que personne ne vous ait encore flanqué une raclée, je vous assure : c'est parce que je suis trop vieux, enfin je plaisante. Il faut se dépêcher de rire pour ne pas pleurer, disait je ne sais plus qui, Beaumarchais je crois, dont je n'aime pas beaucoup les idées, entre nous soit dit. Mais celle-là elle est juste. Après tout ce que vous m'avez asséné aujourd'hui, je n'aurais plus qu'à me tirer une balle dans la tête, c'est vous qui auriez un assassinat sur la conscience, cher psychologue de mes deux. Pardonnez-moi, j'ai parfois des expressions de sous-off de cavalerie. Expressions que j'employais avec mes filles. Savez-vous que j'aurais aimé charger à la tête d'un régiment de cavalerie dans les guerres napoléoniennes? Enfin je m'égare, mes filles il fallait qu'elles obéissent au doigt et à l'œil sans répliquer. Je vois à votre air que vous n'êtes pas d'accord. Vous avez l'air de penser que ce qui convient à des hommes en campagne n'est peut-être pas adapté à des enfants, surtout à des filles.

Mais j'ai une excuse je souhaitais des garçons.

Bon, bon, ne froncez pas les sourcils de cette façon, que voulez-vous, je suis vieux, ce n'est pas maintenant que je vais changer.

Quoi! vous trouvez que je me dérobe comme un cheval devant l'obstacle, il est vrai qu'il est de taille...

Où en étions-nous?

Vous pensez que j'ai été trop autoritaire, que l'on n'a pas le droit d'exiger une obéissance aveugle de la part d'enfants sans défense, que de la sorte on risque de briser leur volonté et leur énergie pour la vie. Sinon briser leur volonté du moins risquer d'en faire des robots bien policés, bien huilés, montés sur des rails qui les mèneront sans heurt jusqu'à la fin de leur vie; de bons citoyens qui ne se poseront pas de questions dangereuses pour leur équilibre et celui du monde dans lequel ils sont appelés à vivre.

Croyez-vous que je ne comprenne pas ce que vous essayez depuis un moment de me faire entendre avec vos allusions sibyllines? Ne me prenez pas pour plus bête que je ne suis.

Je ne suis ni plus bête ni plus mauvais qu'un autre et puis, à mon âge, on n'a pas grand-chose à perdre, alors je peux bien baisser ma garde devant vous et reconnaître que vous avez souvent raison, je ne dis pas toujours...

Il est certain que le type d'éducation que j'ai reçu moi-même et que j'ai donné à mes enfants sans trop m'interroger sur son bien-fondé, écrase les personnalités quand elles sont trop sensibles. En avez-vous une meilleure à me proposer? Il ne semble pas qu'on ait fait mieux depuis. Enfin nous pourrons en discuter ultérieurement. Il me vient une idée à propos de ce que nous disions à l'instant.

Attendez, c'est un peu flou dans ma tête...

Je suis en train de penser que le mélange d'amour passionné — je les aimais de cette façon mes filles — et d'autorité sans réplique forme peut-être, pour certains êtres, une mixture assez toxique. Je m'explique: cette éducation me fait penser à la façon dont on dresse les chevaux réputés indressables et dont on obtient l'obéissance la plus totale en brisant leur résistance de cette façon: alternativement on caresse et on sévit, on leur fait peur et on les cajole. Si cela marche avec des animaux difficiles, combien plus encore avec des enfants! C'est aujourd'hui seulement que je fais ce rapprochement.

Ainsi pourrait durer encore longtemps ce dialogue, dialogue imaginaire s'il en fut, puisque mon père n'aurait jamais été consulter un psychologue, en eût-il existé à l'époque.

Etait-ce un bien, était-ce un mal? Difficile à dire. C'était ainsi.

Maintenant au contraire on assiste à la tendance inverse: beaucoup de parents très sensibilisés aux problèmes psychologiques, se précipitent chez le spécialiste, à qui ils sont souvent adressés par les enseignants, dès que leur enfant présente le moindre trouble dans sa scolarité. Plus inquiets, bien souvent, de son adaptation à la classe qu'il doit suivre, en raison de l'effroyable compétition à laquelle sont soumis les enfants dès leur entrée à l'école, que de son bien-être véritable; non qu'ils n'en soient pas soucieux mais l'angoisse qu'ils ressentent à l'idée que leur enfant soit laissé en arrière et perde ses chances de bien se placer dans cette course contre la montre, prime sur les autres considérations.

Pauvres parents, coincés entre les exigences du système et les recommandations des psy! Je ne peux m'empêcher d'être prise de compassion et d'indulgence pour eux, mis ainsi sur la sellette par cette armée de spécialistes, sécrétion de notre société moderne, dont je fais partie.

Il ne semble pas cependant qu'en dépit des réelles connaissances que nous avons acquises sur les étapes du développement des jeunes enfants — que ce soit celles de l'intelligence avec Piaget [1] ou celle de l'affectivité avec Freud pour ne citer qu'eux parmi ceux qui se sont penchés depuis un siècle sur l'enfant — il y ait moins de difficultés pour les enfants qu'auparavant. A croire que dans ce domaine comme beaucoup d'autres le progrès n'a été qu'une illusion: ce que nous gagnons sur un plan nous le perdons sur un autre. Nous comprenons beaucoup mieux ce que sont les enfants et leurs besoins spécifiques, mais le monde actuel est tel que les difficul-

1. Piaget, psychologue suisse mondialement connu pour ses travaux sur la formation de l'intelligence.

tés qu'ils rencontrent ne leur permettent pas de s'épanouir comme nous l'espérions après tant d'études et d'attention apportées au monde de l'enfance.

La psychanalyse en particulier a mis en relief l'importance des tout premiers mois et des premières années pour le développement harmonieux d'un enfant ; elle a inventé une clef pour une meilleure compréhension de ce qui se passe entre parents et enfants dans leurs interactions, elle permet de mieux saisir les comportements en apportant une connaissance des mobiles secrets de nos actes, c'est un fait. Elle imprègne toute notre époque, elle a pénétré dans tous les domaines, cependant, encore une fois, il ne semble pas que les espoirs qu'elle avait suscités à l'aube du XXe siècle se soient réalisés.

Si je critique l'éducation que j'ai reçue parce que j'en ai souffert, j'imagine que les jeunes d'aujourd'hui et ceux de demain ont et auront autant de griefs à faire à la leur, simplement ces griefs seront autres. Ainsi, bien des générations ont eu à se plaindre d'une éducation trop rigide, du pouvoir coercitif des parents, pouvoir qui écrasait et laminait bien des individus ; les nouvelles générations élevées avec trop de laxisme souffrent au contraire d'une absence d'autorité, comme s'en plaignaient quelques adolescents que j'ai eu l'occasion de suivre en dispensaire. Absence d'autorité du père et de ses représentants, les professeurs. C'était comme si le sol leur avait manqué sous les pieds à un moment où ils avaient besoin d'un appui pour prendre leur élan.

L'éducation d'une époque donnée met en valeur certaines potentialités et en étouffe d'autres. Il est probablement utopique de croire qu'une éducation idéale pourrait exploiter et cultiver toutes les virtualités d'un individu. C'est pourquoi je pense que le mode d'éducation, finalement, importe moins que la qualité de ceux qui l'appliquent. A toutes les époques il y a eu de bons, de moins bons et de mauvais parents. De bons, de moins bons et de mauvais professeurs.

S'il faut prendre garde à ne pas tuer ou endommager gravement la sensibilité d'un enfant et son intelligence par une éducation trop rigide, il faut cependant lui fournir une armature qui pourra le maintenir debout et lui permettre d'utiliser sa sensibilité sans sombrer dans le chaos. On pourrait comparer l'éducation à une œuvre d'art, où l'éducation serait la forme donnée à un matériau particulièrement fragile et délicat à manier, encore que l'analogie soit un peu lointaine puisque le matériau de l'artiste n'a pas d'existence autre que celle qu'il lui donne, alors que l'enfant a la sienne qui se développe selon sa propre pente.

A force de mettre l'accent sur le rôle des parents et de l'entourage, on finit un peu trop par oublier le rôle de l'enfant lui-même. Il n'est pas seulement un réceptacle passif ou une sorte de pâte que les adultes modèlent à leur gré, mais il a aussi une combinaison génétique qui lui est propre, des qualités naturelles, dont vont dépendre en partie au moins, ses réactions à l'environnement, le rendant plus ou moins malléable, plus ou moins résistant ou, au contraire, sensible aux influences qui s'exerceront sur lui.

Si nous n'étions que le fruit du déterminisme génétique ou au contraire celui seulement de notre environnement, nous serions totalement prisonniers, soit d'un programme préétabli, soit de ce qui nous serait imposé de l'extérieur, mais n'étant complètement soumis ni à l'un ni à l'autre, nous trouvons notre liberté dans ce perpétuel va-et-vient entre les deux, l'un corrigeant l'autre.

Peut-être faut-il être moins pessimiste qu'Henri Laborit[1] lorsqu'il dit : « Je suis effayé par les automatismes qu'il est possible de créer à son insu dans le système nerveux d'un enfant. Il lui faudra dans sa vie adulte une chance exceptionnelle pour s'évader de cette prison s'il y parvient jamais. » Et suivre plutôt Montaigne lorsqu'il dit : « Il n'est personne s'il écoute, qui ne découvre en soi une forme sienne, une forme maîtresse qui lutte contre l'institution[2] et contre la tempête des passions qui lui sont contraires. » Encore faut-il naturellement être à l'écoute, ce qui demande un tel effort que nous y renonçons la plupart du temps.

Il y a un grand pas à franchir dans cette lente reconquête de soi par soi, c'est celui par lequel nous abandonnons définitivement le petit enfant frustré et désespéré qui se cache au fond de nous, réclamant inlassablement son dû, pour regarder à une bonne distance cette enfance qui fut la nôtre et nos parents qui y jouèrent un tel rôle. Nos parents qui n'étaient pas des dieux mais de simples hommes ou femmes n'ayant de toute façon plus aucun pouvoir sur nous sauf celui que nous leur donnons en continuant à nourrir en nous des fantômes.

Il y a à dépasser l'amertume, le doute, la rage, la dépression qui suivent la perte des illusions que nous avons bien souvent entretenues à l'égard de notre enfance. Parce qu'il était plus facile d'en faire un Paradis afin de garder intactes les statues dont elle était peuplée.

Puis viennent les pleurs sur soi à cause du temps perdu à jamais et de ce qui ne sera jamais plus accompli

1. Henri Laborit, médecin neurologue et biologiste.
2. In *Les Essais.*

et les pleurs sur ces enfants perdus que furent nos parents puisqu'un jour nous finissons par comprendre qu'ils furent eux aussi victimes d'une éducation et que, de génération en génération, on pourrait remonter ainsi à Adam et Eve qui mangèrent le fruit défendu. Cessent alors la revendication et la rancune.

J'imagine soudain mon père, tout petit enfant, suffoqué de jalousie et de haine à l'endroit de son frère cadet qui venait prendre sa place auprès d'une mère bien-aimée. Ce frère qui fut tué à vingt ans parce que les dieux, comme tous les sourds, entendent parfois ce qui ne leur est pas destiné : ce souhait de mort que les enfants jaloux profèrent à l'égard de l'intrus.

Il y avait entre mon père et son frère la même différence d'âge qu'entre ma sœur et moi et la même rivalité, je m'en avise aujourd'hui.

Soudain, au moment où j'écris ces mots, j'ai l'impression que nous avons rejoué ma sœur et moi un scénario que ces deux-là avaient joué avant nous et je me demande si lorsque je suis née, à la déception d'avoir une seconde fille ne venait pas se mêler pour mon père la reviviscence d'émotions anciennes liées à la naissance de son propre frère, de sorte qu'il inventa pour me nommer toutes sortes de surnoms dérisoires comme s'il lui avait fallu ne pas me prendre au sérieux pour m'accepter : j'étais une farce du destin. Non seulement je le privais d'une descendance mâle, mais en outre je lui faisais peut-être revivre des choses qu'il avait préféré oublier. Dans cette perspective avoir un fils aurait pu peut-être réparer fantasmatiquement la perte de son frère.

Pourquoi est-il si important pour certains hommes d'avoir un fils ? Est-ce parce qu'un garçon en les prolongeant, en perpétuant leur nom, leur sert de rempart contre la mort ?

Winnicott[1] ne dit-il pas qu'il est plus difficile pour un homme de mourir quand il n'a pas eu de fils? Une fille ne peut lui donner cette assurance d'immortalité. La déception fut si forte pour mon père qu'il préféra renoncer à son espoir plutôt que de courir le risque de le voir déçu une troisième fois. Pourtant il ne put faire complètement son deuil d'un fils et c'est ainsi qu'il nous éleva dans certains domaines comme des garçons. Dans certains domaines seulement car il avait à l'égard des filles les principes et les préjugés d'un petit bourgeois du XIXe. D'où sur nous le poids de demandes contradictoires.

Lorsque j'ai commencé ce chapitre c'est ce titre violent et manifestement injuste qui m'est venu à l'esprit tant il y avait en moi de revendications et de colère qui n'avaient jamais pu être exprimées et qui ressurgissaient à cette occasion comme lorsqu'un orage remue le fond d'une rivière faisant remonter à la surface des choses disparues.

D'une certaine façon mon père était resté pour moi ce personnage despotique et charmeur de mon enfance. A mes yeux il apparaissait comme un personnage écrasant devant lequel j'étais obligée de céder et de ne rien montrer de la colère qui m'habitait.

Je croyais avoir oublié tout cela, ou plus exactement je l'ignorais, ayant depuis longtemps enfoui tout ceci profondément pour ne laisser subsister que l'amour et l'admiration. Il y avait en somme, sur le devant de la scène un bon père aimant et aimé et puis, en creusant un peu j'avais fait surgir une fille en colère contre un père terrifiant.

1. Winnicott, célèbre pédiatre et psychanalyste londonien. N° 69 de l'ARC.

On aurait pu dire qu'une part de moi n'avait pas atteint le stade de l'ambivalence, autrement dit celui où le bon et le mauvais objet fusionnent en un seul, ce moment où l'enfant peut tolérer en lui à la fois la haine et l'amour et les réunir sur le même objet.

Or l'image qui me venait quand je songeais à mon père était celle d'un homme grand et fort, rassurant, solide, un homme plein d'autorité et de présence, et en même temps celle de quelqu'un qui savait jouer avec les enfants, inventer des jeux passionnants, leur chanter des chansons, dire des poèmes, raconter des histoires. Si bien que je ne résiste pas à qui sait me conter des histoires. Le charme magique du « il était une fois » opère toujours.

C'était une image idéale, idéalisée plutôt, mais c'était aussi une image qui correspondait à la réalité comme pourraient en témoigner tous ceux qui l'ont connu. C'est vrai que mon père était un homme plein de vitalité, d'intelligence, de goût du risque. Il était de ces gens dont on dit volontiers qu'ils sont des forces de la nature et qui attirent comme un aimant. Animateur-né, les enfants l'adoraient. J'avais donc toutes les raisons d'en être fière mais naturellement il avait des côtés négatifs que j'avais tendance à gommer dans les souvenirs que je gardais bien que j'en aie souffert, comme tous ceux qui ont vécu près de lui ; dans son ombre allais-je dire, ce qui, déjà, dit beaucoup.

C'était un autocrate, il fallait que tout le monde lui obéisse, que tout le monde plie devant sa volonté, ses enfants en premier. De sorte que derrière l'amour et l'admiration que je lui portais, il y avait la colère, l'agressivité, la haine, la révolte qui ne pouvaient jamais être exprimées.

A propos de haine et avant d'aller plus loin, il faut

préciser que lorsqu'on parle de la haine que peut éprouver un petit enfant, il ne s'agit pas du mal, ni d'une notion morale mais de ce sentiment violent, de cette pulsion incontrôlable et donc terrifiante qui envahit l'enfant quand on ne répond pas à ses besoins et, un peu plus tard, quand il se sent écrasé et impuissant devant l'adulte. La morale n'a rien à voir ici. Il est sans doute arrivé à chacun de nous de se trouver confronté à un danger et d'avoir ressenti cet afflux de peur et cette sorte de colère désespérée qui mobilise nos forces pour nous y opposer, cette émotion qui envahit tout, le corps et l'âme, qui submerge tout, nous jetant dans l'action quand elle ne nous paralyse pas.

C'est ainsi qu'il faut comprendre ce que la psychanalyse veut dire en parlant de la haine, non cette intention froide, calculée, consciente qui peut nous pousser parfois à nuire à un autre, au moins en pensée.

Dans cette perspective, on peut comprendre le bienfait de la colère exprimée qui rassemble l'enfant et donne une forme à cette poussée aveugle, quand l'adulte peut l'accepter sans se sentir trop atteint. La solidité de l'adulte face aux pulsions agressives de l'enfant permet à ce dernier de les intégrer.

Nous avons tous fait l'expérience une fois ou l'autre de la colère, cette espèce de griserie qui nous saisit, mobilise toutes nos ressources, aiguise l'esprit en nous portant à la pointe de nous-mêmes.

Mais si la colère a ses vertus, il n'est pas question de laisser l'enfant faire tout et n'importe quoi ou de se laisser attaquer par lui; l'enfant a besoin de limites. Il serait tout aussi néfaste pour lui que l'adulte ne puisse les lui imposer quand il le faut, que de ne jamais lui permettre d'exprimer son agressivité.

Toute la question est là, question de discernement:

quand faut-il laisser l'enfant exprimer son agressivité et jusqu'où peut-on le laisser faire sans intervenir?

Tout le monde connaît ces enfants qui se roulent par terre en proie à une rage folle, incontrôlable. Dans la mesure où justement ils en sont débordés elle ne peut avoir de rôle structurant; l'intervention de l'adulte est alors requise pour se substituer au Moi défaillant de l'enfant. C'est très rassurant pour celui-ci de savoir qu'il peut compter sur l'intervention de l'adulte quand il sent qu'il ne peut plus se maîtriser.

En réalité il s'agit moins de laisser un enfant exprimer sa colère que de lui éviter d'avoir à l'éprouver trop souvent et trop fortement en faisant peser sur lui trop de demandes coercitives, trop d'exigences réitérées, trop de principes arbitraires dont la répétition finit par provoquer une rétention de la haine, un sentiment d'impuissance qui prive l'enfant de sa confiance en lui-même, confiance qui repose sur sa capacité d'agir sur le monde.

Il est difficile pour un enfant de comprendre qu'on peut à la fois aimer et haïr la même personne. Il lui est impossible de reconnaître que cette personne qu'il aime est également celle qu'il hait parce qu'il dépend entièrement d'elle, parce qu'il a peur en lui montrant sa colère, que cette personne se venge en cessant de l'aimer. Mais il a peur aussi de la détruire ce qui serait tout aussi catastrophique pour lui. Il est donc amené à la cliver, autrement dit à la séparer en deux personnes distinctes: la bonne et la mauvaise pour protéger la première. Ce que la psychanalyse désigne par le bon et le mauvais objet, en particulier Melanie Klein [1].

1. Psychanalyste qui a fondé l'école anglaise de psychanalyse et a été la première analyste d'enfants.

Pour ne pas détruire l'objet dont il dépend ou ne pas en être détruit, le petit enfant se sent obligé de refréner sa colère, de l'enfouir au plus profond de lui, bien qu'elle continue d'exister et qu'il faille lui trouver une issue quand elle n'a pu s'extérioriser. Cette colère il la retourne contre lui. Elle se manifeste alors soit sous la forme de maladies somatiques, soit par des inhibitions, des conduites d'échec, ou encore par le refuge dans un monde imaginaire.

« Elle est dans la lune, cette petite », combien de fois n'ai-je pas entendu ces mots dans mon enfance ! Combien de fois ai-je dû refouler ma colère ou ma peur, celle-ci étant encore plus profondément enfouie que celle-là, sans en avoir conscience bien entendu !

Mais ici, au moment où j'écris ces mots, je me demande si je ne suis pas en train de plaquer sur mon enfance un schéma psychanalytique un peu facile puisqu'aussi bien je pourrais interpréter autrement le fait d'avoir été dans la lune. Le monde imaginaire étant par excellence le monde de l'enfance quand on laissait encore aux enfants ces plages de temps vacants où ils pouvaient partir pour de longues dérives. Doit-on réduire ce privilège des enfants et des poètes à n'être qu'un refuge ou une conduite quelque peu pathologique masquant la rage inconsciente inexprimée ou la souffrance ?

Ce n'est qu'à l'adolescence qu'il m'est arrivé d'être consciente de la haine que j'éprouvais parfois pour mon père. Rien d'étonnant à cela puisque l'adolescence recouvre le moment où l'on commence à ne plus supporter l'autorité des parents, où l'on s'oppose à eux dans la recherche de sa propre identité et de son autonomie ; cette opposition s'accompagnant de difficultés plus ou moins grandes selon les relations que nous avons eues depuis la petite enfance avec eux et de leur intensité. La haine est alors à la mesure de l'amour.

Même dans les périodes d'entente, de complicité, de connivence que j'ai eues avec mon père, il y avait, sous-jacente, prête à ressurgir, cette peur qui tenait moins à ce qu'il était réellement en tant qu'homme, qu'à l'idée, que tout enfant, je m'étais faite de lui et qui continuait à me paraître menaçante à l'intérieur de moi.

En ce moment même, je suppose que les difficultés auxquelles je me heurte proviennent du sentiment inconscient de m'affronter à cette image toute-puissante que je n'ai pas le droit de défier. Ecrire devient alors une lutte contre un Léviathan dont je ne suis pas sûre de triompher. Dans le doute, je préférerais ne pas affronter le combat, fuir dans la déprime, la dispersion ou encore dans l'incapacité de relier les idées entre elles, c'est-à-dire dans la sottise, quitte à payer très cher par la suite ce qu'il faudrait bien appeler un manque de courage. Mais alors quel bon moyen de punir mon père de ce qu'il m'a fait ! Ce qui est complètement absurde puisqu'il est mort depuis longtemps.

Mais, dans mon inconscient, un petit enfant cherche encore à se venger, et à se venger de manière maladroite puisqu'il ne fait de mal qu'à lui-même.

J'ai mis très longtemps à comprendre que j'étais incapable de me mettre en colère, non parce que j'étais gentille et douce, mais tout simplement parce que j'avais peur des mesures de rétorsion. Parce que je ne supportais pas l'idée de ne plus être aimée : si quelqu'un que j'aimais me parlait brusquement ou me témoignait de la colère, le monde pour moi s'effondrait, comme il avait dû s'effondrer dans le passé dans une circonstance que j'avais oubliée. C'était la catastrophe qui privait de l'amour de l'autre. Il m'était impossible aussi de supporter l'expression de l'agressivité chez les autres parce qu'elle signifiait l'angoisse absolue de la perte d'amour, signification archaïque qui continuait à fonctionner lors même que les conditions de son apparition avaient depuis longtemps disparu. En conséquence, j'avais adopté un comportement conciliant qui ne risquait pas de provoquer les réactions que je redoutais, ce que d'aucuns appelleraient un comportement aliénant avec juste raison, ou encore un « faux-self » selon la terminologie de Winnicott.

Plus tard, beaucoup plus tard, quel ne fut pas mon étonnement en m'apercevant que l'expression de la colère ne détruisait pas l'amour.

Encore faut-il bien comprendre que si un enfant adopte un tel comportement dans lequel il demeure enfermé, c'est à son insu, en réaction à celui de son entourage.

Naturellement, mon père n'a pas été le seul à avoir cette influence sur moi ; celle de ma mère a été également très importante et, aussi sans doute, ma propre nature, il ne faut pas l'oublier.

L'enfant encore une fois n'est pas seulement cette cire vierge et malléable que les parents croient pouvoir modeler à leur gré. Il arrive au monde avec des tendances, un tempérament bien à lui et aussi un vécu intra-utérin ; ce qui explique dans une certaine mesure que la même éducation puisse donner des résultats si différents, au grand étonnement des parents qui croient en toute bonne foi avoir agi de la même façon avec chacun de leurs enfants. Or on ne joue pas le même jeu en face d'un partenaire différent qui n'a pas reçu la même donne au départ.

Mes parents étaient à la fois autoritaires et aimants. L'attitude de chacun se renforçait mutuellement bien que, pour compliquer encore les choses, ils n'aient pas été d'accord sur la façon de nous punir, mon père prenant souvent le contre-pied des décisions de ma mère en levant les punitions qu'elle avait décidées.

Tous deux nous aimaient, ma sœur et moi, avec possessivité et jalousie. Capables du dévouement le plus extrême, en contrepartie, ils ne pouvaient se passer de nous, nous étions des prolongements d'eux-mêmes.

Pour beaucoup de parents, en effet, les enfants ne sont que des excroissances d'eux-mêmes qui flattent leur narcissisme ou au contraire le blessent dans la mesure où ils correspondent plus ou moins à ce qu'ils en attendent.

Qu'avait-il manqué aux miens pour que leur attente soit si forte ? Impossible de le savoir maintenant puisque personne ne peut plus me parler d'eux non plus que de mes grands-parents. En admettant même que quelques-uns puissent encore m'en parler, que pourraient-ils me dire qui ait un sens, qui explique vraiment ce que j'aimerais savoir puisqu'il ne s'agit pas des parents réels qui ont été les miens, encore moins de ceux que les autres ont connus mais des parents imaginaires dont l'action se déroule sur « l'autre scène [1] » principalement. Enfin j'ajouterais de nouveau que mes parents étaient héritiers de cette culture du XIXe siècle qui voulait que les enfants soient « bien élevés » : il fallait les dresser, c'était un devoir que les gens scrupuleux comme ma mère remplissaient avec rigueur même si parfois elle en souffrait.

Françoise Dolto parle dans son livre de ces enfants

1. Expression employée par les psychanalystes, en particulier Oscar Mannoni pour désigner l'inconscient.

qui sourient tout le temps, ces enfants gentils que tout le monde trouve bien élevés : « Ce ne sont pas des enfants bien élevés dit-elle, ce sont des enfants sadisés. »

Le désaccord de mes parents à notre égard provenait d'un désaccord plus profond qui a pesé comme une menace sur mon enfance. Tout leur amour s'est ainsi reporté sur ma sœur et sur moi. Pour ma mère surtout qui n'avait pas, comme mon père, d'activités extérieures où elle aurait pu trouver des compensations à l'insatisfaction qu'elle éprouvait à l'intérieur.

Mon père, lui, était passionné par ce qu'il faisait et, s'il nous consacrait, à ma sœur et à moi, la plus grande partie de son temps libre, nous n'étions pas le seul intérêt de sa vie. Ce que nous étions pour ma mère qui avait totalement, comme beaucoup de femmes de sa génération, réduit sa vie à son seul rôle maternel. Elle semblait avoir renoncé à tout, sauf à ses enfants.

Elle était uniquement une mère et ne vivait que pour nous. « J'ai tout sacrifié pour vous ! » l'ai-je entendue dire un jour. Mot que trop d'enfants s'entendent dire une fois ou l'autre. Je n'ai pas osé lui demander ce qu'elle entendait par là. Cela m'est apparu injustifié et accablant. J'ai eu envie de lui rétorquer : « je ne t'ai rien demandé », variante du : « je n'ai pas demandé à naître » que tant d'adolescents ont dit ou ont eu envie de dire un jour ou l'autre à leurs parents, chacun se renvoyant ainsi la balle.

Mon père avait non seulement son travail qu'il aimait, mais aussi d'autres intérêts comme le cheval qui était à vrai dire une passion exigeante. J'entends encore ma mère lui faire remarquer avec amertume que son cheval comptait plus pour lui que sa femme et ses deux enfants. Cela n'était pas tout à fait exact mais exprimait tout de même une part de vérité : il ne dépendait pas de nous comme ma mère en dépendait, Dieu merci ! Sinon je ne serais sans doute pas en train d'écrire ce livre.

Cela me fait penser à ce que dit Virginia Woolf dans son journal : « Si mes parents avaient vécu plus longtemps je n'aurais jamais pu écrire. »

Ma mère vivait dans un univers rétréci, limité à ses seuls enfants et à sa maison dont elle s'occupait pourtant sans plaisir, ce dont témoignait l'atmosphère morne et pesante qui y régnait. Elle parlait toujours de ce qu'elle aurait aimé faire comme un prisonnier rêve d'évasion sans se douter que la prison était en elle. Elle rêvait de voyages qu'elle ne s'est jamais autorisée à faire, qui ne lui auraient pas été refusés mais qu'elle n'aurait jamais osé entreprendre seule ; non seulement cela ne lui serait pas venu à l'idée mais elle n'y aurait pris aucun plaisir. Il fallait toujours qu'elle ait quelqu'un pour l'accompagner, de préférence une de ses filles. Elle évoquait sans cesse, avec une animation qui lui était inhabituelle, le voyage, le seul vrai voyage qu'elle ait jamais fait, avec son père, en Algérie, lorsqu'elle était jeune fille. Un voyage d'amoureux. Mon grand-père maternel que je n'ai jamais connu, semble avoir été lui aussi un homme brillant auprès d'une femme effacée entièrement consacrée à ses enfants et à son foyer. Ma mère en épousant mon père a reproduit la même situation que celle de sa propre mère. Toujours un même scénario sous des déguisements différents, qui se répète de génération en génération.

Ici celui de la femme subordonnée à un homme fort dont elle attend protection et sécurité. Stéréotype si profondément ancré en beaucoup d'entre nous que même celles qui semblent s'en être affranchies, ont beaucoup de mal à l'abandonner.

Les femmes qui ont eu, comme moi, à la fois une relation fusionnelle avec leur mère et un père dominateur, séduisant et admiré ont plus que d'autres, des difficultés à devenir autonomes, à créer leur propre identité, à se débarrasser des liens de l'enfance, qui les maintiennent en lisière bien qu'elles puissent donner le change dans leur comportement, leur allure, leur travail et leur choix de vie.

Ces femmes doivent en permanence lutter contre elles-mêmes pour s'affirmer, pour exister, leur désir secret étant de trouver l'homme à l'ombre tutélaire duquel elles pourront retrouver inconsciemment, d'une certaine façon, la relation infantile de leur premier objet d'amour.

Femme sous influence, femme coincée, femme sous le boisseau, femme prisonnière. Mais pourquoi, pourquoi?

A l'intérieur, tout bouillonne, tout éclate, implose, tout est chaleur, délire, amour, rires, désir d'expansion infinie.

La peur te tient à la gorge depuis toujours.

Quelle peur?

Laisse-moi rire, tu la caches bien, qui pourrait la deviner?

Même pas toi tellement tu l'as enfouie profond.

Tu la devines en toi comme un animal tapi dans son coin, tu n'as pas envie de la laisser sortir de crainte d'en être submergée.

Alors tu as bâti de hautes murailles autour de toi, des tours, des ponts-levis, des échauguettes et des mâchicoulis, au besoin tu tires la herse.

Femme retranchée, femme en retrait.

N'as-tu pas envie de sortir?

Oui, je sais, c'est difficile, on préfère continuer de jouer un rôle si familier, connu depuis si longtemps qu'il est devenu ce vieux vêtement confortable qu'on ne se résout pas à quitter... Qui ne connaît ces jours de déprime où on hésite même à se déshabiller pour prendre une douche tant on redoute ce moment de nudité, l'air frais sur la peau.

Ah, on voudrait se cacher au fond d'un trou bien chaud, le ventre maternel sans doute, ne pas sentir le froid sur la peau nue. Plutôt se fourrer tout habillée dans un lit. Ne plus se laver, ne plus sortir.

Qu'est-ce que tu me racontes là ?

Tu exagères !

Bien sûr j'exagère, crois-tu vraiment que je vais mettre un frein à mes élucubrations pour une fois que je parle alors que tu me reproches justement de tout enfermer à l'intérieur.

Bien sûr j'exagère, mais si tu savais comme ça me fait du bien.

Crier, crier ce qui pèse, soulever enfin ce poids qui écrase la poitrine sans raison, sans raison valable, raison de plus pour en être écrasée, soit dit en passant, à cause de la culpabilité : tu n'as pas de raison de, il y a des gens qui, sans raison valable sauf ce père qui s'est assis sur toi de tout son poids un jour sans s'en rendre compte et qui t'a tout aplatie, depuis tu n'as jamais pu reprendre ta forme première, te développer complètement. On voit des plantes comme ça, un peu rabougries.

Arrête, tu me fais rire, tu n'es pas si rabougrie.

Bien sûr, je ne veux pas dire physiquement, c'est à l'intérieur que ça se passe, faut-il le préciser. Il y a simplement des signes pour qui sait les lire, qui révèlent la malfaçon interne.

Ce que tu peux exagérer vraiment, nous en sommes

tous là. Nous avons tous eu des parents qui ont fait des erreurs, qui eux-mêmes...

Bon, et toi tu parles de malfaçon.

Je dis ce que je pense, je dis comme je sens : je me sens à l'étroit dans ma peau comme si on m'avait donné des vêtements qui n'étaient pas les miens. Ils craquent aux entournures ou plus exactement j'ai toujours peur de les faire craquer, enfin c'est difficile à expliquer. Je suis comme ces enfants — on n'en voit plus maintenant — endimanchés, qui n'ont pas le droit de bouger de peur qu'ils salissent leurs beaux habits.

Tu comprends ce que je veux dire ou faut-il que je cherche encore à t'expliquer ?

C'est bien ce que je disais au début, j'ai peur, peur de faire un mouvement trop brusque, peur de déchirer quelque chose et de me faire gronder : si tu désobéis, tu seras punie, je ne t'aimerai plus. Si tu n'es pas sage...

Mais enfin tu n'as plus trois ans. Comment peux-tu à ton âge t'exprimer ainsi. Vraiment comment veux-tu qu'on te prenne au sérieux ?

Ça, je sais, c'est bien pour cela que je porte un masque, que je joue un rôle — je ne suis pas la seule d'ailleurs —, pour être prise au sérieux, pour protéger la petite fille en détresse, éperdue d'amour qui a peur qu'on l'abandonne. Je me cache en somme. Pour se découvrir il faut une extrême confiance.

Il faut,

je vais te dire,

mais il ne faudra pas t'en servir contre moi,

il faut me prendre dans tes bras, là quand je me sens bien serrée contre ta poitrine, bien au chaud, je n'ai plus peur, je peux tout te dire, je peux être moi-même.

Mais nous le faisons tous.

Les rôles, les masques, c'est nécessaire dans la vie, on

ne peut pas toujours être vrai, ni tout le temps, ni avec tout le monde. Croire le contraire est une illusion, tu le sais bien et d'ailleurs, ce ne serait pas vivable.

Pourquoi?

C'est ainsi.

Même dans le plus grand amour, il y a des moments de plat, des temps forts et des temps faibles, c'est inévitable et même nécessaire, tu le sais bien. C'est le contraste entre ces deux moments, le contraste entre l'ombre et la lumière comme dans un dessin par exemple, c'est comme une respiration, qui donne sa force, son goût à l'amour, à la vie.

Ne me prends pas pour une idiote, tout ce que tu viens de dire je le sais bien, ce que je tente d'exprimer c'est qu'il arrive qu'une déformation, une malfaçon soit suffisamment forte pour obérer en quelque sorte la vie d'un individu, trop forte pour qu'il puisse se développer en dépit d'elle, se développer autant qu'il aurait pu le faire s'il ne l'avait pas subie.

Ça, Monsieur de La Palice aurait...

Oh, je t'en prie!

Est-ce une exigence excessive de vouloir se sentir bien dans sa peau, pour employer une expression populaire qui dit si bien ce qu'elle veut dire, de vouloir libérer l'énergie qui gît en chacun de nous? Ces filles qui ont été élevées de telle sorte qu'elles n'osent pas s'affirmer, se réaliser, s'imposer, qui n'ont pas le droit de réussir, à leurs propres yeux, comme si quelque chose à l'intérieur d'elles-mêmes le leur interdisait. Ces filles ont été victimes d'une éducation fausse même lorsqu'elle était assortie des meilleures intentions: *C'est pour ton bien*[1].

1. Titre d'un livre d'Alice Miller, psychanalyste.

Bien sûr les parents croient agir dans l'intérêt de leurs enfants. La marge demeure étroite entre l'autorité nécessaire pour que l'enfant puisse se structurer et celle qui émane de nos besoins narcissiques d'être obéis, d'être les plus forts, d'être celui qui fait la loi en toute impunité.

Etroite également la marge entre la sanction justifiée et le sadisme inconscient, car on a vu les méfaits du laxisme durant ces années où une psychanalyse mal assimilée avait entraîné parents et éducateurs à tout laisser faire aux enfants sous prétexte de ne pas leur infliger de complexes ou de ne pas les traumatiser. Excès inévitables sans doute après ceux d'une éducation trop stricte qui a mutilé des générations.

Pourquoi est-il si difficile de trouver le juste milieu? Probablement parce qu'éduquer un enfant consiste d'abord à s'éduquer soi-même, ce que nous oublions souvent parce que c'est la chose la plus difficile qui soit et surtout parce que l'inconscient a plus d'un tour dans son sac pour nous empêcher de voir ce que nous faisons à nos enfants. Cela exigerait de regarder en nous ce qui a été tordu, distordu, abîmé, pour le redresser, le reprendre, le réparer afin d'acquérir plus de liberté et plus de maîtrise de nous-mêmes. Est-ce possible, peut-on imaginer que chacun, avant de mettre un enfant au monde, se préoccuperait de sa parfaite santé mentale? Cela relève de l'utopie.

La psychanalyse a près d'un siècle d'existence. Elle imprègne la société tout entière; pourtant quels changements a-t-elle provoqués dans les comportements humains?

Oui, mais a-t-on jamais suivi ce qu'elle enseigne? Françoise Dolto le rappelle avec une sorte de foi indestructible dans les vertus de la psychanalyse dans son livre *La Cause des Enfants*. Pourtant la psychanalyse a suffisamment expliqué et mis au jour la faculté qu'a l'être humain de ne pas voir ce qu'il n'a pas envie de voir, sa tendance à répéter les mêmes errements sans s'en rendre compte. Nous savons également qu'un trop grand souci de bien faire, de ne pas nuire à nos enfants, ne donne pas forcément de bons résultats. Les enfants de « psy » ne sont pas les mieux lotis ; trop de connaissances théoriques risquant parfois d'enlever spontanéité et bon sens.

Combien de filles ne s'éveillent jamais ou trop tard, quand les jeux sont déjà faits, quand elles sont prises dans la vie quotidienne, comme des mouches dans une toile d'araignée.

Mais pourquoi s'éveiller pour s'apercevoir que l'on s'est laissé flouer, pour reprendre l'expression de Simone de Beauvoir : la vie est passée sans qu'on la vive, l'image que ces femmes s'étaient faite d'elles-mêmes et des autres était fausse, elles se sont laissé prendre au piège, elles ont subi une loi dont elles auraient pu s'affranchir si elles en avaient eu plus tôt conscience.

Oui, mais voilà, pourquoi n'en ont-elles pas eu conscience ?

Qu'est-ce qui s'est opposé en elles à cette lucidité ?

Quel désir, quelle avidité, quel manque ou quelle peur ou quelle secrète complaisance ? Pourquoi s'interrogent-elles souvent trop tard, au risque de découvrir qu'elles ont gâché leur vie, qu'elles ont été des esclaves, des poupées, des sottes, qu'elles n'ont rien accompli de ce qu'elles auraient désiré faire ? Elles se sont conformées à ce qu'on attendait d'elles. Elles ont été des filles soumises, aimantes, et maintenant un flot d'amertume leur remplit la bouche.

Que s'est-il passé entre père et fille pour que celle-ci soit restée prisonnière du projet de celui-là ?

Il semble en effet que le projet conscient et inconscient du père pour sa fille, pèse d'un grand poids sur son destin, sur ce qu'elle fera ou ne fera pas dans la vie. L'idée qu'il se fait d'elle intervient dans le regard qu'elle posera sur elle-même et dans les choix qu'elle se permettra ou non de faire.

Si Madame de Staël a été la femme que l'on sait, si elle a réuni autour d'elle tout ce que l'Europe comptait alors de célébrités dans le monde des arts, des lettres et de la politique, n'est-ce pas à son père, à la confiance et à l'amour qu'il lui avait témoignés qu'elle le devait ? Madame Vigée-Lebrun serait-elle devenue peintre si elle n'avait pas été encouragée et soutenue par son père qui croyait à son talent. Le père de Camille Claudel fut le seul à croire à sa vocation.

Quelque chose se noue entre père et fille qui permet à la fille de s'accomplir, d'aller jusqu'au bout de ses potentialités ou au contraire de ne pas pouvoir les exploiter.

Mais tout cela ce sont des mots, des mots. A notre époque l'accent est mis sur les possibilités, il faut les exploiter comme on exploite un champ ou un puits de pétrole. On songe à cette floraison d'entreprises de développement du potentiel humain qui proposent des moyens de s'épanouir comme on propose des crèmes de beauté pour effacer nos rides, tablant sur notre anxiété secrète, de sorte que l'insatisfaction est toujours là. Qui pourrait dire en effet qu'il a exploité tous ses dons ? Tyrannie de notre époque où seuls comptent le rendement, la rentabilité et l'efficacité. On a oublié la vertu des jachères.

Alors de quoi parlais-tu avec ce mot ronflant d'assassinat, où voulais-tu en venir et le savais-tu seulement ?

Je voulais faire sortir de moi ce qui était enfoui de violence à l'égard d'un père trop aimé-haï. Je voulais mettre les choses bien à plat pour que nous ne soyons plus lui et moi dans ce rapport ambigu — est-ce ambigu qu'il convient de dire ? — J'y suis peut-être parvenue parce que la colère a glissé de moi sans que je m'en aperçoive et que je pourrais dire comme Emilie dans Cinna : « Ma haine va mourir que j'ai crue immortelle. »

Haine qui bien entendu coexiste avec l'amour, haine enclose dans la partie la plus secrète de nous-mêmes, résidu de celle que nous éprouvions envers l'adulte tout-puissant qui nous écrasait lorsque nous étions enfants. Je ne parle pas ici des filles qui ont de bonnes raisons de détester leur père mais seulement de celles qui ont eu à souffrir d'un excès d'amour et d'autorité de la part d'un père aimable et qui se débattent avec l'image interne de Dieu le père.

« IL NOUS A QUITTÉES »

Lorsque j'étais petite, maman avait coutume de partir un mois ou deux à la campagne avant ou après Pâques. Elle se rendait dans un hôtel où nous passions régulièrement toutes nos vacances d'été, si bien qu'elle s'y sentait chez elle, elle y avait ses habitudes.

Le directeur était un homme affable et souriant qui entretenait des relations amicales avec ses clients. Il avait su apprivoiser la timidité de ma mère.

Maman m'emmenait toujours avec elle, sans souci de l'école que j'ai manquée ainsi allègrement, plusieurs années de suite. Elle n'aurait pu se séparer de moi, plus exactement peut-être, elle n'aurait pu supporter d'être seule ; je lui tenais compagnie.

Quand ces voyages commencèrent, je devais avoir six ou sept ans. Je ne me demandais pas pourquoi maman quittait la maison pour d'aussi longues périodes tant j'étais heureuse d'échapper à l'école, sans doute aussi d'être seule avec elle bien que je n'aie pas souvenir d'en avoir eu conscience à l'époque.

Au lieu d'aller en classe j'avais mille choses plus intéressantes à faire comme d'accompagner la laveuse rincer le linge à la rivière. On s'agenouillait dans des sortes de caisses en bois — qu'on appelait carrosses ! — fermées seulement de trois côtés, remplies de paille pour n'être pas trop dures aux genoux et l'on frappait le linge avec un battoir. De temps en temps, une serviette ou un mouchoir s'échappait, emporté par le courant, pour aller s'accrocher aux branches un peu plus loin, là où il y avait des renoncules dont je faisais de gros bouquets pour maman.

C'était un jeu aussi d'aller avec le jardinier dans le grand jardin où les allées sinueuses, les charmilles, les boqueteaux dessinaient un espace plein de surprises, d'endroits secrets où l'enfant nourrie de contes que j'étais pouvait rêver à loisir.

Parfois, une paysanne du voisinage m'emmenait aux champs dans la carriole attelée d'un poney bai foncé qu'elle me laissait conduire dès que nous avions quitté la grand-route. Quand je tenais les guides dans mes mains, il n'y avait pas de petite fille plus fière ni plus heureuse que moi sur terre. Comment aurais-je eu l'idée de me poser des questions ou de penser à la maison où ma sœur aînée restait avec mon père ?

Je partageais la chambre de maman et chaque matin j'allais la rejoindre dans son lit pour prendre le petit déjeuner qu'une vieille femme en robe noire et tablier blanc nous apportait.

Etait-elle si vieille ? Je ne sais pas, mais elle me paraissait ainsi avec son bon visage façonné par le soleil, le vent, la sueur et la pluie, qui est le même sous toutes les latitudes. Les mêmes intempéries et les mêmes travaux composent le même visage, qu'il soit noir, blanc ou jaune.

Elle s'appelait Elisabeth. Sur le plateau se trouvaient les grosses tasses d'épaisse faïence, le lait et le café fumant dans leur pot, la confiture, le beurre en coquilles abondantes et parfumées dont on a oublié la saveur. En évoquant tout cela j'ai l'impression de parler d'un monde disparu, d'une planète où j'aurais vécu dans une autre existence.

Elisabeth me donnait aussi mon goûter, mais cette fois j'allais le chercher moi-même à la cuisine qui se trouvait en sous-sol. On y accédait par un escalier raide et sombre qui me semblait véritablement descendre dans les entrailles de la terre. Il en venait des bruits indistincts comme des borborygmes, des odeurs que je ne connaissais pas et dès que je commençais à m'engager dans l'étroit boyau, non sans une légère appréhension à cause de l'obscurité, je me sentais happée par l'haleine chaude de quelque dragon somnolent. Au fur et à mesure que je descendais, les bruits se faisaient plus précis, la lumière augmentait et soudain je débouchais dans la grande salle pleine de monde.

Une table occupait toute la longueur de la pièce tandis qu'un immense fourneau jamais éteint se trouvait contre le mur du fond.

Tout le monde me connaissait. Chacun avait pour moi un mot gentil, une gâterie, un fond de casserole à lécher, une pâtisserie, ou encore j'avais le droit de me servir d'un moulin ou d'une râpe ce qui était bien plus amusant qu'à la maison.

Toutes ces images qui surgissent dans ma tête quand je songe à cet endroit sont à la fois très vives et très floues, comme celles d'un rêve où je flotterais dans un bain brûlant et parfumé.

Elisabeth apportait en même temps le courrier. Maman l'ouvrait sans se presser tout en savourant son petit déjeuner qui était, disait-elle toujours, son meilleur repas de la journée, le seul qu'elle mangeât avec appétit.

Un jour, je la vis éclater en sanglots en reposant une lettre de mon père sur ses genoux.

Je revois toute la scène. Je suis à la gauche de maman, des rayons de soleil viennent jouer sur le tapis au pied du lit, on entend passer sous la fenêtre les carrioles qui vont au marché. Les arbres fruitiers sont en fleurs, maman me serre dans ses bras à m'ćtouffer et dit : « Papa veut nous quitter, il veut divorcer, je te le dis parce que tu es ma petite fille, mais c'est un secret, n'en parle à personne, tu me le promets. » Maman pleure, je me sens tout d'un coup très lourde, le soleil a disparu.

Je n'ai pas oublié cet instant bien que je ne dusse plus jamais en entendre parler. Mes parents sont restés ensemble jusqu'à la fin de leur vie. Mon père à qui j'en ai parlé plus tard, beaucoup plus tard, ne se souvenait même plus d'avoir envoyé cette lettre à ma mère. A elle je n'ai jamais posé la question mais peut-être l'avait-elle oubliée. On oublie ce qui fait mal, on le refoule pour continuer à vivre.

Mes parents avaient continué à vivre ensemble sans doute à cause de ma sœur et de moi ou pour d'autres raisons bien à eux dont ils n'ont jamais parlé car ils ne se livraient pas, surtout avec leurs enfants. Quoi de plus étranger en effet, que des parents pour leurs enfants ou des enfants pour leurs parents, comme ces objets qui font partie de notre environnement, devenus si proches et si familiers qu'on ne les distingue même plus ! Et peut-être est-ce bien ainsi.

Que se serait-il passé si mon père était réellement parti ?

Que se passe-t-il dans la tête d'un enfant qui se trouve confronté réellement à ce genre d'événement, dans la tête d'une petite fille dont le père quitte la maison ?

« Il nous a quittées » dit la mère très souvent, ou parfois « nous avons décidé de nous séparer parce que nous ne entendions plus ». La façon dont cette décision est annoncée aux enfants donne déjà une idée du climat dans lequel elle prendra forme.

De nos jours, la séparation ou le divorce tendent à être vécus de manière moins dramatique qu'autrefois, dans la mesure où ils se sont banalisés. Les conséquences en sont moins lourdes socialement parlant. Il n'y a pas si longtemps encore les enfants de divorcés se sentaient mis à part comme s'ils avaient appartenu à une petite minorité de réprouvés tandis que maintenant ce sentiment a pratiquement disparu, sauf en quelques milieux très traditionnels et conservateurs dont les membres font figure de dinosaures, devenus marginaux par rapport à l'ensemble de la population.

Il reste cependant que l'éclatement de la cellule familiale est une épreuve douloureuse pour tous ceux qui la composent, en particulier pour les enfants qui en subissent le contrecoup et qui ne sont jamais consultés.

Les échos de cette situation en eux, à long ou moyen terme, dépendent, bien entendu, de toutes sortes de facteurs qui se mêlent inextricablement et dans des proportions qui varient selon les cas. En fonction de l'âge des enfants au moment de la séparation, en fonction des conditions dans lesquelles celle-ci s'effectue, des liens que les enfants et leur père ont noués, de la personnalité de chacun, enfin la tonalité de l'ensemble sera différente selon que le divorce est demandé par l'un ou l'autre des parents, ou encore, d'un commun accord.

Lorsque maman avait pleuré devant moi et s'était confiée en me demandant de ne rien dire, elle m'avait chargée d'un fardeau. Je me souviens l'avoir révélé quelques années plus tard à un petit camarade qui était alors mon inséparable compagnon de jeux, comme si ce secret était devenu trop lourd pour moi, mais en même temps j'avais été envahie par le sentiment d'avoir trahi. J'avais souffert en le taisant, je souffrais en l'ayant dit. J'étais malade de honte à l'idée que ma mère apprenne que j'avais divulgué son secret si bien que j'ai fini par lui avouer mon forfait, me soulageant ainsi d'un poids pesant. Les choses ayant tourné dans un sens favorable, contrairement à ce qu'elle avait redouté, ce que j'avais dit ou pas dit n'avait plus d'importance à ses yeux, je fus absoute et consolée.

Dans l'esprit d'un enfant très jeune, son père et sa mère forment un tout indissociable où il puise un sentiment de sécurité. Que cette unité se révèle tout d'un coup fragile et précaire ou vole carrément en éclats, les bases de son univers semblent vaciller.

Plus l'enfant est petit, moins il dispose de moyens de comprendre ce qui se passe. Comprendre permet dans une certaine mesure de maîtriser, donc de mieux se défendre de l'impact douloureux. L'enfant se défend d'autant moins que la famille actuelle est réduite à sa plus simple expression. Que sont devenus les grand-mères, la tante vieille fille, le vieil oncle à la retraite, les cousins, les domestiques qui, vivant au foyer, pouvaient offrir à l'enfant des figures stables sur lesquelles s'appuyer quand les choses allaient mal? Il en existait toujours une, capable d'accueillir l'enfant s'il en éprouvait le besoin. Tous ces personnages tutélaires étaient là, à portée de la main, alors que maintenant, si d'aventure un adulte bienveillant peut jouer ce rôle dans l'entourage de l'enfant, celui-ci risque de se sentir coupable de trahison à l'égard de ses parents, comme s'il allait chercher en dehors d'eux appui et secours.

Une chose en effet est de se réfugier auprès d'un adulte qui fait partie de la maison depuis toujours, une autre d'aller quérir quelqu'un en dehors du cercle familial. La plupart des enfants se replient sur eux-mêmes, gardant pour eux, avec une extrême pudeur, ce qui les déchire intérieurement. Rien n'en transparaît, sauf parfois et même souvent par de mauvais résultats en classe quand ils sont en âge d'y aller. L'école étant le lieu d'élection des troubles du comportement de l'enfant comme le dit Bruno Castets[1] dans son livre *L'Enfant fou*.

A l'inverse, encore que moins souvent, par un acharnement scolaire qui frise l'obsession, parfois enfin par des troubles somatiques sans liens apparents avec ce qui se passe entre leurs parents dont ils n'ont pas l'air de se soucier, sauf à tirer quelque avantage de la situation.

Les enfants souffrent-ils du divorce de leurs parents? En souffrent-ils toujours autant que nous le craignons et l'absence du père est-elle toujours préjudiciable à la formation d'une identité féminine? Je me pose la question devant Léa, jeune femme dont les parents ont divorcé lorsqu'elle avait quatre ans. Elle m'affirme n'avoir conservé de cette période aucun souvenir, aucun souvenir malheureux, s'entend.

Elle m'assure que même maintenant avec le recul du temps, elle n'a pas l'impression que son père lui ait jamais manqué. Il faut dire que sa mère ne s'est jamais plainte de son mari devant ses enfants; il n'y a jamais eu ni pleurs, ni critiques, ni disputes, ni contestations à leur propos. Cette jeune femme a continué à voir son père de loin en loin. Elle en parle avec détachement, sans émotion ni passion, sans la nostalgie ou même la rancœur

1. Médecin psychiatre, psychanalyste, spécialiste de psychiatrie infantile.

dont font preuve beaucoup de celles qui m'ont parlé du divorce ou de la séparation de leurs parents.

Pourtant je ne peux m'empêcher de remarquer quelques détails de son discours qui me font dresser l'oreille. Ainsi Léa dit, d'une part, que son père ne lui a pas manqué, mais, d'autre part : « Je n'ai jamais été attirée par les hommes » sans établir de relation de cause à effet. Non qu'elle n'éprouve pas de plaisir en la compagnie des hommes mais son intérêt semble être de nature plus intellectuelle que sensuelle. Ce quelque chose d'excitant comme du champagne qui sous-tend les relations entre hommes et femmes semble être pour elle lettre morte. Elle s'est mariée, cependant, par choix, « ça s'est trouvé comme ça ». Elle a eu des enfants mais, dit-elle encore, « j'aurais très bien pu m'en passer ». Elle aurait très bien pu, semble-t-il, vivre seule à l'exemple d'une amie qu'elle admire et qui a une grande influence sur elle. Ce modèle de femme indépendante qui exerce le métier qu'elle a choisi, lui paraît-il enviable à elle qui sort d'une famille où la femme qui se marie et a des enfants apparaissait encore comme seule possibilité d'avenir. Son rapport aux hommes eût-il été différent si elle avait eu un modèle masculin au lieu d'un modèle féminin auquel s'identifier ? Je devrais dire « modèles » au pluriel car elle a aussi pour sa mère une très grande admiration, tant pour sa beauté que pour ses qualités intellectuelles et morales qui font d'elle un personnage supérieur à la moyenne.

Ces deux femmes également intelligentes et autonomes qui ont exclu les hommes de leur vie quotidienne, bien avant que ce soit devenu monnaie courante, tinrent et tiennent encore une place prépondérante dans la vie de Léa.

Naturellement, je ne peux m'empêcher de penser que

l'absence du père a joué un rôle dans l'attitude de cette jeune femme envers les hommes. Pourtant l'exemple de sa sœur qui a réagi à la même situation par une conduite totalement différente, diamétralement opposée à la sienne, semble vouloir infirmer les conclusions que j'étais tentée de tirer un peu hâtivement, à savoir que le manque de père durant l'enfance et la pré-adolescence provoque chez la plupart des filles une sorte de timidité, de gaucherie, de maladresse ou peut-être de méfiance à l'égard des hommes, qu'elles savent fort bien masquer sous différentes formes mais qui perce pour peu que l'on cherche derrière la façade.

La différence entre les deux sœurs ne détruisait pas forcément mon hypothèse; elle pouvait s'expliquer par le changement survenu chez leurs parents, par l'évolution de l'un par rapport à l'autre, par leur façon d'accueillir un nouvel enfant et par leurs projets à son égard.

Ils n'étaient plus les mêmes parents au moment où la deuxième fille vint au monde, quand déjà leur couple commençait à se défaire.

Ils eurent à cœur l'un et l'autre d'épargner à leurs enfants les scènes et les disputes mais la faille était là, qui allait s'élargir jusqu'au divorce. Les relations de cette jeune femme avec son père s'étaient ressenties de ce climat assombri, puis il avait quitté la maison sans qu'elle ait eu le temps ou même la possibilité d'avoir avec lui les échanges dont sa sœur aînée avait peut-être bénéficié. Enfin le rapport de la mère avec chacune d'elle avait été différent.

En l'écoutant me parler de son père sans la moindre émotion ni le moindre regret, en la voyant si sereine et bien dans sa peau, je me demandais, à la fois, si ce n'était qu'une apparence due à des défenses mises en place de longue date ou si l'importance que nous accordions à la présence du père n'était pas très exagérée. Question sur laquelle je reviendrai plus loin.

Lorsque les parents de Justine se sont séparés, elle avait quinze ans. Séparation hargneuse, suivie d'un divorce où Justine fut appelée à témoigner contre son père au cours du procès.

Pendant des années elle ne revit plus ce père qu'on lui avait appris à considérer comme un homme odieux et malhonnête. Elle l'avait toujours regardé au travers des yeux de sa mère. Devenue adulte, elle finit par se demander si la description que sa mère lui en avait faite correspondait vraiment à la vérité. Elle comprit que les sentiments qu'elle éprouvait à l'égard de son père n'étaient pas les siens mais ceux qu'on lui avait donné à croire.

Dans le lent processus d'autonomie qu'elle avait entrepris grâce à la psychanalyse, elle eut envie un beau jour de rencontrer son père pour vérifier s'il était conforme à l'idée qu'elle en avait ou si elle devait rejeter ce qu'elle avait cru jusque-là, pour découvrir son père à elle et non l'homme décrit par sa mère.

Un moment elle avait même eu peur qu'il puisse mourir avant qu'elle ait réussi à le retrouver. Ne serait-il pas capable de lui faire ça, de mourir pour la frustrer encore une fois de sa présence? Soudain elle n'avait rien eu de plus urgent que d'exercer son propre jugement avant qu'il soit trop tard.

Il semblait à Justine qu'elle n'existerait vraiment qu'à partir du moment où elle aurait accompli cette démarche. A ce moment seulement il lui semblait qu'elle pourrait trouver son identité de fille et de femme, qu'elle cesserait d'être une excroissance de sa mère, qu'elle que pût être par ailleurs l'issue de cette entrevue.

Pour franchir ce pas, pour s'arracher à ces liens

maternels où elle se trouvait à la fois si bien et si mal. Si bien parce qu'en elle subsistait un bébé vulnérable avide d'amour et de protection qui trouvait son compte dans cette relation étroite, si mal parce que cette tendance entrait en lutte avec celle de croître et de progresser comme un arbre qui étend ses branches vers le ciel et ses racines dans la terre au lieu de végéter dans un pot. Or pas de croissance possible si on ne renonce pas à quitter la main rassurante des parents. Ce qui ne signifie pas qu'il faut les abandonner.

Lorsque Justine finit par rencontrer son père après tant d'années de séparation, elle alla vers lui, le cœur battant, comme on va à un rendez-vous d'amour.

Elle allait vers lui avec l'espoir de trouver enfin le père dont elle rêvait, celui qui lui avait tant manqué et qu'elle avait tellement envie de découvrir semblable à l'image qu'elle avait caressée depuis des mois. Depuis qu'elle avait compris qu'elle n'avait pas à prendre parti pour sa mère, que le divorce de ses parents ne la concernait pas.

Depuis qu'elle s'était permis de prendre une distance suffisante pour voir les choses de ses propres yeux, elle s'était mise à rêver d'un père séduisant, elle le parait de toutes les qualités ; il l'aimerait et elle pourrait l'aimer. Ils rattraperaient tous deux le temps perdu.

De son côté, le père de Justine fut très ému de la lettre qu'elle lui adressa. Il n'avait pas d'autre enfant. Cette fille qui lui tombait du ciel tout d'un coup, alors qu'il avait tiré un trait sur son existence et qui lui disait : « mon petit papa » le fit fondre. Il vieillissait, c'était merveilleux d'avoir un enfant, une fille à lui. Lui aussi se mit à rêver, encore qu'une pointe de méfiance se mêlât à son plaisir : que lui voulait-elle soudain après tant d'années de silence ?

Leur première rencontre eut un côté magique qui les

enchanta tous deux, ils se découvraient mutuellement.

Il avait en face de lui une jeune femme pleine de charme qui le regardait avec des yeux remplis d'une admiration d'autant plus grande qu'elle en avait été frustrée. Il y avait bien longtemps qu'on ne l'avait pas regardé ainsi. Il se sentit rajeunir !

Justine le vit, vieilli certes, mais aimable dans l'acception littérale du terme. Où était le monstre, l'ogre, le vilain ? Elle eut soudain honte de s'en être laissé conter. Comme elle allait l'aimer son père et comme ce serait bon d'en être aimée !

L'espace d'une soirée, Justine crut à l'idylle. Elle crut qu'il pourrait y avoir entre eux une entente, un échange, enfin tout ce qui n'avait pu être dans le passé.

La réalité fut inférieure à son rêve. Justine dut bientôt se rendre compte qu'ils avaient vécu chacun de leur côté d'une vie différente.

Leurs intérêts n'étaient pas les mêmes ; ils n'avaient pas de souvenirs ni d'expériences à partager. Bref, passé le moment d'euphorie des retrouvailles, ils n'avaient pas grand-chose à se dire : elle l'aimait bien, c'était tout. Au moins pouvait-elle l'aimer. C'était déjà beaucoup : Justine, par sa démarche avait exorcisé le passé.

Son père n'était maintenant à ses yeux ni le monstre de son enfance, ni le héros dont elle avait rêvé pendant le temps qui s'était écoulé entre la décision de le revoir et le rendez-vous pris. Cela avait duré quelques mois tant il avait été difficile de passer outre la colère présumée de sa mère qu'elle redoutait d'affronter.

Son père était un brave homme qu'elle n'avait plus de raison de haïr ou d'idolâtrer si bien qu'elle se sentit libre pour la première fois de sa vie à l'égard de ses parents.

Dans cette démarche vers la maturité, Justine avait eu

besoin de son père. Le revoir lui permit de s'affranchir de lui également, de franchir cette étape qui aurait dû normalement se situer des années auparavant. Mais elle avait été maintenue dans l'adolescence, sur le plan affectif, s'entend, par une mère qui souffrait trop sans doute pour ne pas s'appuyer de tout son poids sur sa fille et pour être capable de trouver ailleurs des raisons de vivre. Justine avait été l'enfant-substitut de l'homme, auprès de sa mère.

Certaines mères ont besoin que leur enfant comble un vide ; nécessaire à leur équilibre, l'enfant devient en quelque sorte une prothèse, c'est-à-dire qu'il doit toujours correspondre à ce que l'on attend de lui.

Il fallut à Justine des années pour se séparer de sa mère.

Beaucoup de patience, de ténacité et de courage sont requis pour parvenir au bout de ce processus de maturation ; y arrive-t-on jamais complètement d'ailleurs ? Mais l'autonomie est au prix de cet effort : avoir une identité séparée, suffisamment solide pour ne plus dépendre des autres, pour pouvoir vivre sans eux comme avec eux, cette capacité d'être seul dont parle Winnicott, tout en étant capable d'aimer.

Encore une fois il ne s'agit pas de renier ses parents, ni de les haïr comme ceux-ci en ont l'impression douloureuse parfois, ne se rendant pas compte que leurs enfants sont en train de s'arracher à eux dans la souffrance, celle de l'enfantement de soi. C'est une période douloureuse pour les deux. Ce que les parents peuvent faire de mieux, c'est de tenir le coup en essayant de ne pas se sentir personnellement attaqués. Rien de plus difficile, surtout quand cette crise se produit si tardivement qu'on ne s'y attend plus, comme ce fut le cas pour Justine. D'autant plus éprouvant que les adultes sous leurs airs de grandes personnes ne le sont pas toujours, et j'allais dire, heureusement.

Ah ! on voudrait parfois que cette espèce d'exigence qui vous pousse en avant telle la sève au printemps dans les arbres, ne se soit jamais manifestée. Se laisser dorloter, prendre en charge par un père ou une mère, ou les deux, quelle tentation ! Surtout pour les filles que leur éducation, même encore maintenant, tend à rendre passives, prêtes à retrouver le même rôle d'enfant auprès d'un mari qui reprendra tout naturellement le rôle du parent.

Dans une démarche de dépendance et non d'autonomie comme celle de Justine, une autre jeune femme vient de divorcer parce que son mari, décidément, ne plaît pas à son père. Celui-ci n'a que sarcasmes à l'égard du premier, alors elle le quitte. L'idée qu'elle se faisait de son mari n'a pas résisté au mépris témoigné par le père. Elle quitte aussi, du même coup, leur appartement, pour s'installer plus près de ses parents, sans paraître se rendre compte de ce qu'elle tombe ainsi dans un piège dont elle aura bien du mal à sortir un jour, si jamais elle en a envie.

Par ces deux décisions, elle vient d'annuler ce que la vie avait fait pour elle : je veux parler de cet élan vital qui l'avait poussée à se marier et auquel elle avait obéi un temps.

J'en connais une autre qui, s'étant séparée de son mari, abandonna à son père toutes les démarches de son divorce, vivement conseillé par celui-ci. Des années plus tard seulement, elle prit conscience du rôle que son père avait joué dans sa vie de femme ; il avait agi à sa place, se mêlant de ce qui ne le regardait pas ; la traitant comme une enfant irresponsable, incapable de prendre des décisions pour elle-même dans un domaine qui, pourtant, ne concernait qu'elle seule. Elle l'avait laissé faire avec cette sorte de passivité de faiblesse étrange qui parfois s'empare de l'être le plus décidé ou le plus énergique quand il a affaire justement à une imago dominatrice.

L'ombre gigantesque du père lui avait en quelque sorte obscurci les yeux, comme elle avait anéanti le malheureux mortel qui avait tenté de rivaliser avec elle.

L'influence du père ne s'était pas exercée directement par l'effet d'une volonté claire. Simplement ce père avait cru bien faire en aidant sa fille à accomplir les démarches concrètes que la situation réclamait. De son côté, elle avait cru également bien agir en s'en remettant à plus âgé et plus avisé qu'elle.

On a parlé souvent des mères « abusives » ; pourquoi ne parle-t-on pas des pères qui le sont tout autant parfois ?

Toutefois, ces parents que nous avons vite fait d'appeler « abusifs » en ce que nous avons trop souvent l'occasion d'en constater les effets destructeurs sur leurs enfants, sont en même temps très souvent, le plus souvent même, de bons parents, mus par le souci du bien-être et du bonheur de leurs enfants. Ils veulent leur éviter tout souci, ils veulent les en décharger, ils veulent les aider.

La confusion vient de ce qu'il est très difficile d'aider l'autre, fût-il le plus aimé, ou peut-être, justement parce qu'il est le plus aimé, sans le traiter comme une chose dont on s'empare pour la protéger.

Aider l'autre en respectant son espace de liberté est probablement ce qu'il y a de plus ardu dans les relations humaines. Particulièrement dans celles qui lient parents et enfants. Comment un parent discernera-t-il le moment où il passe du souci légitime à la domination subtile qui ne se laisse pas déceler ? Celle qui empiète sur l'existence de l'autre ; glissement masqué par tant de bonnes raisons que ni l'un ni l'autre des protagonistes, encore une fois, ne peut y voir clair.

Le plus faible des deux se trouve alors pris au piège de la subordination.

C'est toujours un moment cruel quand un adulte d'un certain âge, s'aperçoit qu'il n'a pas vécu, en quelque sorte, sa propre vie, qu'il en a laissé la direction à un autre.

Que faire, alors qu'il est pris depuis longtemps dans un réseau de liens, d'habitudes et de responsabilités ? On songe au mot de Leopardi sur « la vérité qui détruit la vie vivable ».

Pour cette raison, Freud refusait de prendre en analyse des gens qui avaient atteint « le milieu de leur âge ».

Aujourd'hui les choses ont changé, dans la mesure où la psychanalyse s'est répandue dans le domaine public si bien que nul ne peut l'ignorer ; elle fait partie de notre culture. Elle jette son éclairage cru sur nos modes d'être au monde sans que nous ayons la possibilité d'y échapper. Encore que nous possédions la très grande faculté d'ignorer ce qui nous dérange et de ne pas voir ce qui cependant nous crève les yeux.

Ainsi, qu'est-ce qui a poussé Justine à s'engager sur ce long chemin qui l'a amenée à rechercher son père et sa propre identité? Nul ne sait.

Il semble que l'absence de père au moment difficile de l'adolescence, surtout dans les circonstances dramatiques dans lesquelles il est parti, l'ait privée d'un appui et d'un modèle juste quand elle en aurait eu davantage besoin.

L'apparition ultérieure d'un beau-père n'arrangera rien car il la traitera tel un bébé qu'on fait sauter sur ses genoux, son âge l'autorisant à ce comportement de grand-père libidineux. Rien de très structurant pour une fille si peu sûre d'elle-même, si apparemment passive, traitée depuis toujours en objet qu'on pare et qu'on bichonne comme un animal favori. Apparemment passive en effet puisque la suite de l'histoire montrera qu'elle possédait des ressources profondes et une volonté peu commune. Si Justine a rompu avec sa mère dans les faits, il lui a fallu des années pour s'en détacher symboliquement, tant le chagrin de sa mère l'accablait de culpabilité.

Comment ne pas se croire mauvaise quand on voit l'autre, cet adulte chéri, s'accrocher à vous comme à une bouée de sauvetage, lorsqu'il semble par toute son attitude vous dire que vous le tuez? Cette culpabilité entre alors en résonance avec celle que nous trimballons depuis la nuit des temps, du moment où petit enfant nous avons crevé de rage parce que le sein ou le biberon n'arrivait pas assez vite. Nous avons alors désiré nous venger de cet objet qui se dérobait à notre désir avec d'autant plus de violence que l'attente était plus longue et nous avons eu peur de l'avoir détruit par cette violence ou bien encore qu'il nous détruise par mesure de rétorsion. Plus tard, si l'adulte que nous aimons mais que nous devons quitter nécessairement, nous montre par toute son attitude que nous lui infligeons une peine insoutenable, cette culpabilité archaïque du temps où nous étions un bébé se réveillera en nous. Il nous deviendra alors difficile de ne pas céder au chantage affectif qu'il exerce sur nous, tout à fait inconsciemment bien sûr.

Difficile en effet de lutter contre l'autre et contre soi-même à la fois. Quelle tentation n'a pas eue Justine d'abandonner la lutte, de se laisser aller à cet univers de miel et de sirop, de s'enfoncer dans les délices de l'illusoire fusion, d'abdiquer devant la mère bien-aimée qui possédait un allié à l'intérieur d'elle-même!

Plus la tentation est grande, plus il faut se raidir contre elle, ce qui provoque bien des comportements maladroits et cruels dont les parents font à leur tour les frais!

Quel visage Justine s'était-elle fait des hommes au travers de sa mère, après qu'elle l'eut entendue parler d'eux en termes si péjoratifs?

Le personnage le plus important de son univers, sa mère, les avait critiqués, diminués, transformés en polichinelles, en menteurs, en croque-mitaines, en coureurs, en individus lâches sur lesquels on ne pouvait pas compter, auxquels il était de bonne guerre de mentir et dissimuler. Bref, toutes les platitudes qui se répètent inlassablement dans le discours des femmes, comme des hommes d'ailleurs, en sens inverse.

Pour la mère de Justine tous les hommes étaient à mettre « dans le même panier ». Justine ne pouvait rectifier cette image puisqu'effectivement sa propre expérience la confirmait.

Son père ne lui avait-il pas manqué de deux façons? En étant absent trop souvent, bien avant la séparation réelle de ses parents, et surtout dans l'impression, vraie ou fausse — peu importe, c'est ce qu'éprouve l'enfant qui compte —, que son père ne l'aimait pas.

En conséquence, Justine, une fois devenue femme, eut à la fois le sentiment qu'elle ne pouvait pas faire confiance aux hommes et qu'elle ne pouvait pas être aimée d'eux. Elle ne savait pas tenir sa partie dans le jeu normal des hommes et des femmes, comme si elle n'en avait pas connu les règles. Elle en ignorait les signes, ces impondérables qui servent de repères intuitifs dans ces jeux d'amour et de hasard. Elle éprouvait une sorte de maladresse devant les hommes dès qu'il était question d'amour. En somme, elle se comportait comme un chat à qui on aurait coupé les moustaches...

Toutes les femmes qui ont manqué de père ne sont pas forcément démunies devant les hommes. Certaines ont pu trouver dans l'entourage immédiat une figure masculine susceptible de pallier ce manque : un oncle, un frère, un grand-père, un ami.

La présence du père à la maison ne garantit pas toujours qu'il saura apporter à sa fille l'attention nécessaire pour que se crée entre eux cette interaction bénéfique.

En effet, j'ai surtout parlé jusqu'ici du père présent ou du père absent. Présent, parfois trop présent, ou absent pour cause de divorce, de séparation ou de mort, mais n'oublions pas les absents pour cause d'indifférence.

Combien de femmes ont le sentiment de n'avoir jamais eu de père ou plus exactement de relations avec lui qui vaillent la peine d'être évoquées. Il était là certes, c'était leur père, elles portaient son nom, vivaient sous le même toit que lui sans pour autant avoir eu l'impression qu'il ait joué un grand rôle dans leur vie. Elles avaient vécu près de lui en bonne intelligence puisqu'aussi bien ils ne réclamaient rien l'un de l'autre. Pour celles-là, la place du père semble mince.

Elles n'ont rien partagé avec lui. Elles ne se souviennent que d'un homme gentil ou pas, qu'il ne fallait pas déranger, qui de temps en temps les grondait ou les félicitait de leur travail en classe. Elles avaient un père dont elles n'étaient ni fières ni honteuses, à qui elles rendaient indifférence pour indifférence, qu'elles aimaient bien tout de même, justement parce qu'il n'avait jamais provoqué chez elles de sentiments violents. C'était leur père, voilà tout.

Agathe pourrait se situer entre les deux, entre absence et présence, puisqu'aussi bien son père ne passait qu'un temps très limité chez lui, ceci de façon régulière ; si bien qu'il demeurait pour sa fille une sorte d'étranger qu'elle admirait de loin sans oser l'aborder. Il était un Dieu pour elle, en effet, mais elle le voyait si peu qu'il l'intimidait, qu'aucune intimité ne put se créer entre eux.

Un modus vivendi s'était installé entre son père et sa mère ; jamais celle-ci ne lui a dit du mal de son père, au contraire, mais elle s'est subtilement opposée à leur rencontre en en faisant un personnage inaccessible, une perfection qu'on ne peut approcher que de loin.

La mère a réussi à créer chez la fille une sorte de crainte révérencieuse qui a brisé chez elle cette spontanéité qui aurait pu la jeter dans les bras de ce père tant admiré. Lui, de son côté a été paralysé devant cette enfant réservée qu'une invisible barrière séparait de lui.

Les parents aussi peuvent se sentir intimidés devant leurs enfants ; beaucoup plus souvent qu'on ne le croit. Je connais des pères qui n'ont jamais eu d'intimité avec les leurs à cause de cela.

Agathe n'a jamais eu, comme Justine, une image déformée jusqu'à la caricature de son père, mais plutôt celle, un peu figée, d'un père sur un piédestal que sa mère a contribué à forger.

Elle garde le regret de ne pas l'avoir connu plus proche et ce regret n'a jamais pu être effacé puisqu'il est mort quand elle avait vingt ans, juste au moment où ils commençaient à se rapprocher l'un de l'autre.

Agathe garde de leurs brèves rencontres un sentiment d'incomplétude, attente de quelque chose qui aurait pu être et qui n'a pas été. Le regret aussi de n'avoir pas répondu à son attente à lui : « Il aurait été fier que je fasse des études, il m'y poussait mais je n'ai pas eu confiance en moi, je l'ai déçu », dit-elle. Or on souffre sans doute davantage des déceptions que l'on inflige à ceux qu'on aime que de celles qu'on subit.

Ici la mère n'a pas démoli l'image du père aux yeux de sa fille, elle a fait en sorte, habilement — c'est Agathe qui le dit, parce qu'elle l'a vécu ainsi — que les deux ne puissent se rejoindre.

A cause d'elle, sans qu'elle en ait eu conscience encore une fois, il y a toujours eu entre le père et sa fille une sorte de gêne, de pudeur, interdisant un véritable échange. Ce genre de timidité qui étreint et paralyse deux êtres sensibles qui attendent beaucoup l'un de l'autre. On parle alors de la pluie et du beau temps, de n'importe quoi qui n'effleure même pas l'essentiel, avec le sentiment désespérant de laisser passer une occasion de parler enfin, de dire ce que l'on tait depuis si longtemps, ce qu'on crève d'envie de dire, ce qui pèse sur la poitrine mais reste coincé parce qu'on est trop maladroit, parce qu'on n'arrivera jamais à s'exprimer sans se trahir, qu'un sentiment d'impuissance retient les mots au fond de la gorge; et puis le moment passe, il faut se séparer, et puis, et puis un jour la mort arrive de celui ou de celle à qui on aurait tant voulu parler autrement.

C'est la vie, direz-vous. C'est la vie, faite si souvent d'occasions manquées. Mais si le père d'Agathe avait vécu normalement à la maison, sans doute ce fossé entre elle et lui ne se serait-il pas installé.

Elle n'aurait pas ce pincement au cœur qui parfois fugitivement l'étreint en songeant aux possibilités, latentes en elle, qu'elle n'a pas pu exploiter, auxquelles elle n'a pas donné vie. Pourtant elle s'est mariée, elle a eu des enfants; c'est une femme heureuse en somme, autant qu'on peut l'être. Si ce regret existe, tant il est difficile de renoncer à une part de soi, il est moins important pour

Agathe que le sentiment d'avoir manqué quelque chose d'essentiel avec son père.

Au lieu de suivre le désir de ce dernier, elle s'est conformée à celui informulé de sa mère, désir que l'enfant capte très bien : « Si tu suis ce que ton père ambitionne pour toi, tu me trahis. » Agathe a pensé aussi qu'elle ne serait pas capable de répondre aux exigences de son père, ce père trop admiré qui tenait plus du mythe que d'un homme en chair et en os.

« J'étais contente qu'il me fasse confiance mais je ne pouvais le croire. »

Agathe a préféré renoncer à poursuivre des études plutôt que de prendre le risque d'échouer et d'encourir le mépris de celui qu'elle admirait.

Elle a fait d'une pierre trois coups : elle a donné satisfaction à sa mère, elle n'est pas entrée en compétition avec l'image que son père lui renvoyait d'elle-même, enfin, elle s'est vengée ainsi inconsciemment de son père qui, d'une certaine façon, avait laissé sa mère manipuler la situation : il lui avait fait défaut.

En filigrane, derrière les sentiments d'admiration qu'Agathe manifestait pour son père, derrière ses regrets et son amour, pointait un reproche, voire une rancune. Au fond d'elle-même gisaient deux images contradictoires du père, ou plus exactement, l'une d'elle émergeait dans le discours conscient, tandis qu'une autre, beaucoup moins satisfaisante, restait enfouie au plus profond.

Tout ceci semblait avoir provoqué chez elle cette dépréciation de soi qui pousse l'individu à rétrécir son champ d'action, à se retirer dans un espace plus réduit, un peu à la façon dont nous n'osons pas bouger quand nous avons froid : nous redoutons le mouvement alors que lui seul nous réchaufferait.

Le père de Danaé a divorcé lorsque cette dernière

avait cinq ans. Il vient la voir régulièrement toutes les semaines. Il aime tendrement sa fille ; plus même, il l'adore. Une grande complicité existe entre eux, une admiration mutuelle. Pourtant un jour elle cessera complètement de le voir, sans jamais accepter de revenir sur une décision à laquelle il ne comprend rien. La rupture a été brutale, inattendue, inexpliquée. Se retrouveront-ils jamais ? Que s'est-il passé dans la tête de Danaé, quelle influence a-t-elle subie ? On se perd en conjectures. Arrivée à l'âge adulte ou presque, Danaé a-t-elle voulu rompre avec son père comme Justine l'a fait avec sa mère afin de s'arracher à un amour qu'elle ressentait confusément comme s'opposant à son propre développement, à son autonomie ? S'est-elle mise à haïr son père pour se défendre d'un amour trop exclusif ?

Un père trop proche, trop compréhensif, n'est pas forcément ce qu'il y a de plus rassurant pour une adolescente qui a besoin, même si elle s'y oppose, d'une autorité. Lorsqu'on est dans le désordre à l'intérieur de soi, c'est la rigueur de l'autre qui vient en aide avant la compréhension, parce que la compréhension risque trop facilement de glisser vers une sorte de complaisance où le jeune ne trouve pas l'appui qui lui est nécessaire. Une fois de plus le rôle du père est bien difficile à jouer, encore plus difficile lorsqu'il a peur de perdre l'amour de son enfant parce qu'il est celui qui a déserté le foyer, quand il apparaît comme le mauvais, en dépit de tout l'amour et du soin qu'il a mis à suivre ses enfants tout au long de leur croissance, comme l'avait fait le père de Danaé.

Il est probable qu'il n'aurait pas agi ainsi s'il avait vécu avec sa fille. Comme tant de pères séparés de leurs enfants par un divorce, celui de Danaé n'osait pas se montrer sévère ou indiquer nettement certaines limites à sa fille, il avait peur de perdre les relations privilégiées qui s'étaient instaurées entre eux.

« J'aurais fait n'importe quoi pour la retenir, pour lui plaire » me dit-il, complètement désemparé par la réaction de sa fille que rien ne lui avait laissé soupçonner.

Danaé a agi, poussée par une sorte de force, sans s'expliquer très bien pourquoi, un passage à l'acte, diraient les psychanalystes, une fuite en avant, qui l'a jetée dans le mariage. Comme ça, elle quittait ses deux parents en même temps.

Mariage malheureux, vite rompu. Un autre a suivi rapidement. Il ne semble pas que Danaé ait fait là un choix plus heureux. Cette fille intelligente épouse des garçons qui ne lui arrivent pas à la cheville.

Préserve-t-elle l'image du père en prenant des hommes qui ne risquent pas de rivaliser avec lui ? De cette façon, elle reste fidèle à son père en dépit de la rupture dont la brutalité témoigne de l'attachement qu'elle lui porte.

On peut penser aussi que Danaé s'est identifiée à son père et qu'elle en reproduit la vie amoureuse ou, encore, qu'elle le punit en gâchant sa vie de femme ?

Danaé n'est pas parvenue à mûrir suffisamment pour supporter d'être seule, pour avoir le courage de réfléchir sur elle-même, ce qui lui aurait permis de faire le point en clarifiant tout d'abord ses relations avec son père. De la sorte elle eût peut-être évité de commettre une deuxième erreur.

On aurait souhaité en effet, que Danaé réfléchisse avant de se lancer une seconde fois dans le mariage. Mais c'est justement un moment où on commet très souvent une nouvelle erreur. L'entourage s'en étonne, ne comprend pas comment on peut recommencer ainsi la même sottise. Pourtant celle-ci s'explique par l'état de désarroi où laissent un divorce ou une séparation, même chez celui qui porte la responsabilité de la rupture. La sensibilité est à vif. Un sentiment de culpabilité, de regret, de tristesse chez l'un, d'humiliation, de chagrin et d'aigreur chez l'autre, sans parler de la rupture des habitudes. Tout ce magma de sentiments laisse peu de place à un jugement serein et détaché sur celui ou celle qui se trouve par hasard près de vous et qui apporte le réconfort d'une présence. L'épuisement nerveux, le vide affectif qui accompagnent ces moments conflictuels rendent vulnérable. Ainsi s'explique que Danaé après sa rupture avec son père se soit précipitée dans le mariage puis dans un second, toujours poussée par une sorte d'automatisme fatal.

Mais qui aurait pu éclairer Danaé sur ce point? Qui, dans son entourage, aurait pû l'aider à prendre conscience des mobiles qui l'entraînaient à agir ainsi d'une façon aussi déterminée, aussi brutale? Ou plutôt, qui aurait pu lui éviter de recourir à une décision aussi mutilante? Une telle action, ce rejet total de son père, ne pouvant s'exercer qu'à son propre détriment, provoquant une blessure interne d'autant plus difficile à cicatriser qu'elle n'était pas reconnue. Je ne parle pas de la blessure infligée au père mais de celle que Danaé s'infligeait à elle-même.

Pour éviter cela, il aurait fallu qu'elle s'interroge avant de passer à l'acte.

Peut-on demander à des êtres très jeunes de réfléchir et d'analyser leurs sentiments et leurs impulsions avant d'y céder alors qu'il est si difficile de le faire plus tard avec l'expérience et les années.

On apprend la vie au travers des erreurs commises. Pourrait-on en faire l'économie sans se priver de quelque chose d'essentiel?

Il y a dans cette «traque» du Moi par le Moi une sorte de terrorisme: on se poursuit soi-même jusque dans ses retranchements les plus intimes. On fait la chasse aux illusions, aux mensonges, aux ruses. On veut à tout prix que les motivations les plus secrètes soient exposées en plein jour, que les masques soient arrachés pour qu'apparaisse enfin le vrai visage. Mais cette poursuite n'est-elle pas à son tour illusion ? Aussi vaine et quelquefois plus dangereuse que les pauvres expédients que nous employons pour vivre. N'est-il pas nécessaire d'avoir entre soi et l'Autre cet espace de représentation où chacun peut prendre les déguisements qu'il veut, quitte à tromper et se tromper ? Winnicott parle de l'illusion nécessaire au tout petit enfant pour qu'il puisse ensuite supporter l'épreuve de la réalité mais l'adulte doit sans doute lui aussi conserver une part de cette capacité d'illusion. C'est une question que je me pose à propos de Danaé. Parce que je suis partagée entre le souci de la lucidité qui permet de tirer les conséquences de nos actes et celui de ne pas tomber dans cet excès d'introspection qui paralyse l'action et aveugle d'une autre manière.

Nul ne peut savoir ce qui se serait passé pour Danaé si elle n'avait pas agi comme elle a cru devoir le faire.

Le comportement de Danaé a rempli son père d'amertume et de chagrin. Que cette enfant qui lui avait été si proche ait pu le rejeter avec autant de violence lui paraît incompréhensible et cruel. Bien que plusieurs années se soient écoulées depuis, il ne comprend toujours pas ce qui a pu se passer dans la tête de sa fille pour justifier sa façon d'agir. Il n'a pas l'impression d'avoir mérité ce traitement. Il est tout prêt à reconnaître qu'il a sans doute commis des erreurs avec sa fille, qu'il a pu la blesser sans s'en rendre compte mais il éprouve le sentiment d'être un condamné dont on n'a pas voulu écouter la défense. Il reste planté là, comme sur le quai d'une gare, quand l'autre est parti sans même dire adieu, sans se retourner pour un dernier signe, nous laissant encombré d'un paquet qu'il a négligé d'emporter.

Entre père et fille s'est construit à bas bruit un malentendu que le premier n'a pas soupçonné avant qu'il n'éclate. Certains indices lui ont-ils échappé? Quelque signe impondérable révélant la fissure qui allait bientôt apparaître entre eux. Quelqu'avertissement silencieux, quelque plainte discrète, quelque révolte ou quelque indignation soigneusement muselée. Tout ce qui peut couver silencieusement sous le visage lisse d'une adolescente : « Il ne voit rien, il ne comprend rien, il ne devine rien de ce qui me fait souffrir ! »

Bérénice, quant à elle, est passée de l'autre côté du miroir pour un père qu'elle n'a pas connu.

Enfant de la guerre, on lui a dit que son père était mort en combattant. En fait, il n'était pas mort mais parti sans laisser d'adresse, comme elle finira par l'apprendre, parce que tout se sait.

Il faut toujours dire la vérité aux enfants, toujours. C'est ce que répète Françoise Dolto chaque fois qu'elle en a l'occasion, à la radio, à la télévision, dans ses livres. Un enfant a droit à la vérité qu'il est parfaitement capable d'entendre. Quand bien même il ne comprend pas, il sent si on lui dit la vérité ou si on lui ment. On croit que cela n'a pas d'importance parce que c'est un enfant : on se trompe. L'enfant perçoit tout avec une sorte d'intuition animale. Or il a besoin d'avoir confiance. « Tout non-dit concernant l'un des géniteurs inconnu de l'enfant constitue une amputation symbolique chez cet enfant dans l'inconscient » dit Françoise Dolto [1].

Ainsi on avait menti à Bérénice, on lui avait dit que

---

1. Françoise Dolto, *La Cause des enfants*, éd. Robert Laffont.

son père était mort parce que c'était plus honorable que le divorce — ou plutôt que l'abandon, puisqu'il avait pris la fuite sans rien dire —, dans cette province où les mentalités n'avaient pas changé depuis cent ans.

Bérénice l'apprit un jour par hasard comme cela arrive toujours.

Pour elle, ce fut d'abord le non-dit mais assorti de commentaires mystérieux qui laissaient place aux imaginations les plus folles. Au lieu du père, un trou béant qui ne s'est jamais arrêté de saigner parce que sa mère était dure, fermée, haineuse, sans aucune tendresse pour cette enfant qui lui rappelait un souvenir détesté.

Bérénice grandit dans cette atmosphère empoisonnée ; on songe à Cendrillon. Elle devint une jeune fille intelligente et jolie qui réussit bien dans ses études. Plus exactement, elle réussit dans ses études grâce à son intelligence ce qui lui permit par la suite de trouver une situation où elle se fit apprécier. Jusqu'ici on croirait justement un conte de fées où l'héroïne triomphe des sorts funestes qui ont présidé à sa naissance. En réalité, Bérénice était parvenue à une insertion sociale apparemment satisfaisante en faisant appel à ses ressources intellectuelles. Depuis sa toute petite enfance elle avait pu investir son intérêt dans les études où elle avait trouvé, dans une certaine mesure, ce qui lui manquait par ailleurs. Mais ce n'était pas suffisant.

Quand Bérénice fut en âge d'avoir des relations avec les hommes, elle ne les rejeta pas, bien au contraire, elle se mit à collectionner les aventures sans lendemain dans une sorte de quête aveugle, incapable de nouer une relation durable avec un homme, fondée sur la confiance et le respect mutuels.

Bérénice cherchait l'amour dont elle avait été privée sans pouvoir le donner ni le recevoir. Elle s'arrangeait toujours pour rompre la première afin d'éviter le risque d'être abandonnée. Il semblait qu'elle n'eût d'autres ressources que de détacher son âme de ce corps qu'elle prêtait à qui le voulait comme on ne prêterait pas sa voiture ou sa brosse à dents, tirant fierté d'être capable d'avoir des orgasmes à volonté.

J'ai parlé d'âme à dessein, car je ne vois pas quel autre mot employer pour exprimer l'impression de non-vie, l'impression d'être littéralement inanimée, que donnait Bérénice. Son corps fonctionnait comme un automate dont une partie d'elle-même tirait les ficelles tandis que l'autre sanglotait à l'intérieur, désespérée. Mais qui l'aurait deviné jusqu'au jour où on la retrouva à l'hôpital. Son séjour y fut heureusement de courte durée.

Je pense qu'en dépit des carences affectives qu'elle eut à subir de la part de ses parents, l'un par son absence pure et simple, l'autre par son absence d'amour, ce qui aurait pu provoquer des troubles encore plus profonds de la personnalité, certains éléments stables dans la vie de Bérénice jouèrent un rôle favorable. En effet elle avait vécu jusqu'à l'âge de vingt ans dans une vieille maison entourée d'un jardin où ses ancêtres s'étaient succédé pendant des générations. Bérénice avait eu à sa disposition tous les livres de la bibliothèque familiale dont les héros lui servirent de compagnons fidèles. C'est ainsi peut-être qu'un enfant intelligent peut compenser les défaillances de son environnement humain en choisissant des images de références parmi les héros du passé ou ceux de la fiction.

Pour Bérénice ce ne fut pas suffisant cependant pour lui permettre de trouver une place habitable dans le monde.

Si un enfant ne connaît pas son père, s'il ne connaît pas ses origines, il n'est pas vraiment né à une existence d'homme. Il ne peut être le sujet d'une histoire, il n'est pas ancré dans le temps vécu. Comment exister en effet, si l'on ne s'inscrit pas dans la durée? A la limite, on pourrait dire en paraphrasant Lacan[1] que l'enfant se sent insignifiant par manque du signifiant Père.

L'abandon du père est-il ressenti toujours de façon aussi dramatique? En réalité, c'est moins l'absence réelle qui importe que la façon dont elle est vécue, du climat qu'elle laisse derrière elle, qui dans le cas de Bérénice furent particulièrement néfastes en raison du caractère de sa mère et des circonstances de l'abandon.

« Ma mère était l'être le plus merveilleux, le plus tendre que j'aie jamais connu. » Ainsi s'exprime la fille d'une longue lignée de femmes sur lesquelles un sort semble s'être acharné. Mais nous allons commencer par le commencement parce que c'est une longue histoire.

Vers le milieu du siècle dernier, une jeune femme devient veuve avec une petite fille en bas âge. Elle se remarie et la petite fille est mise en pension. Quelques années plus tard cette jeune femme meurt à son tour, laissant sa fille complètement seule. Cette dernière décide de monter à Paris avec, pour seul bagage, les études qu'elle avait faites, chose assez rare à l'époque, qui allait lui permettre de trouver du travail et de gagner sa vie. Elle devient la préceptrice des enfants d'une famille étrangère ce qui l'amène à beaucoup voyager. De retour à Paris, elle rencontre par hasard un homme follement séduisant, plus âgé qu'elle, qui lui fait un enfant et qui s'enfuit dès qu'il apprend qu'elle est enceinte. Il est en effet marié et père de famille, ce que bien entendu, elle avait ignoré jusque-là. C'est au moins

1. Lacan, célèbre psychanalyste fondateur de l'Ecole freudienne.

une explication sinon une excuse. Elle garde son enfant, il n'était pas très facile de faire autrement en ce temps-là, trouve un emploi qui lui permet de vivre avec sa fille, et elle fait face avec courage à une situation loin d'être de tout repos dans le monde d'alors.

Les années passent, sa fille obtient son bac et se destine à être professeur lorsqu'elle rencontre à son tour un homme lui aussi en âge d'être son père, lui aussi follement séduisant, qui lui fait évidemment la cour.

On pourrait dire que la réalité dépasse la fiction, ou encore que la vie est un roman car, non seulement la situation se répète étrangement pareille, mais lorsque cette jeune fille lui raconte son histoire et parle de ce père qu'elle n'a jamais rencontré (bien qu'elle en connaisse l'existence et le nom), il s'avère que cet homme en est l'un des meilleurs amis. Il raconte aussitôt sa rencontre à ce dernier.

Attitude ambiguë du père partagé entre le désir de rencontrer sa fille que son ami lui décrit avec enthousiasme, et la culpabilité qu'il éprouve de ne jamais s'en être soucié. Ce n'est pas si facile de se trouver soudain devant l'enfant que l'on n'a pas voulu reconnaître. Il ne se sent pas très fier de lui. Il aurait aimé éviter cette confrontation et il n'est pas sûr que le hasard ait bien fait les choses.

Finalement, devant les objurgations de son ami et celles de sa conscience jointes à la curiosité envers cette jeune femme issue de lui, qu'on lui dit charmante, dont il semble avoir toutes les raisons d'être fier, il finit par se décider à lui donner rendez-vous, mais seulement à deux mois de là, comme s'il avait voulu retarder l'échéance.

Il n'est pas difficile d'imaginer l'émotion de la jeune fille à l'idée de connaître enfin son père, les rêves qu'elle fit et combien grandit son excitation durant ce délai imposé à son impatience.

Il lui fit alors quelque chose d'impardonnable : il mourut. Il mourut brutalement. Il mourut juste avant le rendez-vous qu'il lui avait fixé, l'abandonnant pour la deuxième fois, en somme, lui laissant en prime le sentiment accablant d'être responsable de sa mort en lui ayant imposé une émotion qu'il n'était pas en état d'assumer.

Jeune et de bonne race, elle encaissa le coup, mais, quelque temps après, elle tomba, à son tour, éperdument amoureuse d'une réplique de son père, à croire que le sort lui en avait été jeté. Cet homme marié par ailleurs lui fit deux enfants et l'abandonna comme son père avait abandonné sa mère, encore qu'elle vécut cette fois plusieurs années avec lui. Ses enfants, des filles, eurent donc le temps de connaître leur père, même s'il ne les reconnut jamais officiellement.

C'est l'une de ces deux filles qui me disait au début qu'elle n'avait jamais rencontré d'être plus gentil et plus tendre que sa mère.

Là réside, je crois, la grande différence, pas la seule, mais certainement la plus importante, qui sépare la destinée d'une Bérénice de celle de ces femmes qui répètent la même histoire de génération en génération.

Histoire triste de mort et d'abandon où cependant circule l'amour. Beaucoup de chagrin, beaucoup de larmes, beaucoup de difficultés et de travail, de la solitude et des moments de désespoir mais toujours la force et la volonté de s'en sortir.

Là où Bérénice n'a trouvé que la haine ou l'indifférence, là où elle n'a trouvé que le mensonge et la rancune, ces femmes ont trouvé derrière la peine, l'amour, derrière les soucis, la tendresse et la gaieté.

L'histoire de la première fait penser au plus sombre Balzac, celle de la seconde ou plutôt des secondes, à l'atmosphère de *Gösta Berling*[1] ; relisez l'un et l'autre et vous comprendrez ce que je veux dire.

Pour la première, l'horizon était bouché, pour les secondes il n'a cessé de se modifier et de s'éclaircir.

Pourtant, celle qui me parle, l'arrière-petite-fille de cette lignée de femmes abandonnées, me dit combien elle a eu une image complètement faussée des hommes par celles que lui ont transmises sa mère et sa grand-mère.

Pour elle, les hommes sont des êtres charmants, brillants, séducteurs, irrésistibles mais auxquels on ne peut absolument pas faire confiance. Non qu'ils soient mauvais ou méchants ou faux, ou quoi que ce soit de vraiment péjoratif. Simplement, on ne peut pas leur faire confiance. Ils ne peuvent pas être autrement, ils sont comme ça, on ne peut pas leur en vouloir. Alors elle s'est détournée du modèle choisi par sa mère et sa grand-mère pour aller vers des hommes dépendants, qui ont eu besoin d'elle, qu'elle a maternés, espérant ainsi, à tort, ne pas être abandonnée à son tour.

Cette idée lui était insupportable. Afin d'éviter qu'elle ne se réalise, il valait mieux ne jamais compter que sur soi pour se débrouiller dans la vie. Ne jamais attendre d'un homme qu'il vous aide ou vous entretienne.

Bref, pour ne jamais dépendre des hommes, c'est eux qui dépendraient d'elle, décida-t-elle.

Simple à dire, moins à faire, encore moins à vivre. Surtout quand la réalité vient démentir ce qu'on s'était juré d'éviter : elle fut abandonnée. Comme sa mère et sa grand-mère l'avaient été avant elle. En dépit de toute sa lucidité, elle ne put échapper à ce destin, en raison même,

1. Héros d'un roman de Selma Lagerlöf, éd. Je Sers, 1940.

sans doute, de sa crainte d'être abandonnée qu'elle n'avait pu complètement surmonter; ou plutôt, elle s'était conformée au modèle inscrit dans son inconscient, selon lequel une femme, au bout d'un temps plus ou moins long, était quittée par l'homme qu'elle aimait.

Son exemple montre combien les modèles qui sont proposés à l'enfant par ceux qu'il aime le plus, par ceux qui ont le plus d'importance pour lui — ici la mère — pèsent sur sa destinée et que, comme dans les tragédies antiques, la fatalité semble s'acharner parfois sur la même famille durant des générations, jusqu'à ce que l'un des membres s'en échappe en prenant conscience qu'il n'y a pas de fatalité mais une sorte de conformisme pathétique dont il est prisonnier.

De même qu'une maladie héréditaire frappe inégalement les membres d'une famille, la sœur de Violaine — appelons ainsi celle qui me parle, sinon nous allons nous perdre au milieu de toutes ces femmes, mère, grand-mère, arrière et arrière-arrière-grand-mère —, n'a pas réagi pareillement à l'abandon de leur père. On se trouve là devant deux attitudes totalement différentes. Tandis que Violaine bâtissait sa vie sur l'indépendance face à l'homme; tandis qu'elle rejetait avec jubilation toutes règles, toutes lois sauf celles qu'elle choisissait de s'imposer; sa sœur se mariait de la façon la plus traditionnelle et se cramponnait à la pratique d'une religion que la première envoyait par-dessus les moulins.

Il est indéniable que la démission et la fuite du père ont influencé ses filles dans leur vie de femme. Violaine a réagi par la rébellion, sa sœur par le conformisme. Il y a de la provocation dans les choix de Violaine; un désir de lutter contre le sort adverse, de se colleter avec lui: « Je suis hors la loi, j'y suis, j'y reste! Et j'en suis fière! » Moins une provocation qu'un défi.

S'il est maintenant banal et parfaitement admis socialement de naître hors mariage, il n'en allait pas de même il y a encore une trentaine d'années. Se faire une place au soleil quand on a rien dans les mains, ni naissance, ni diplômes, ni argent, en se payant le luxe de refuser celui de l'homme avec lequel on vit, n'était pas simple non plus. L'orgueil du père se retrouvait dans la fille. D'une certaine façon, Violaine s'est identifiée à lui. Sa sœur, au contraire, a choisi la voie qui divergeait le plus de celle de son père. Comme Léa et sa sœur, Violaine et la sienne ont pris des directions opposées devant le vide laissé par l'absence du père.

PAPA EST AU CIEL

J'avais dix ans lorsque mon grand-père paternel mourut subitement. Il était arrivé chez nous la veille au soir et le lendemain, alors qu'il s'apprêtait à ranimer le feu de la salle à manger — dans ce temps-là on n'allumait pas le chauffage avant la mi-octobre — on entendit un grand bruit, le bruit sourd d'une chute dont il ne devait pas se relever. Il ne reprit même pas connaissance.

Je l'ai encore dans les oreilles, ce bruit. Je me revois en train d'aider maman à glisser mon grand-père sur un matelas, je vois son visage, les détails des vêtements qu'il portait ce jour-là, toute la scène se déroule devant mes yeux comme si elle datait d'hier.

Ce fut mon premier contact avec la mort et la première fois où je vis mon père pleurer, ce qui m'impressionna beaucoup.

J'ai le souvenir d'une atmosphère irréelle qui régna durant quelques jours à la maison. Puis, il y eut l'enterrement, et nous reprîmes le chemin de l'école ma sœur et moi. Je me souviens du sentiment étrange que j'éprouvais d'être complètement différente des autres, d'être à part, sentiment encore accentué sans doute par les vêtements noirs que nous portions, mon père l'ayant exigé, bien que cela ne se fasse plus du tout pour des enfants.

Mon grand-père venait toutes les semaines nous voir ; il s'occupait de nous avec une gentillesse et une patience extrêmes, aussi nous l'adorions. Il jouait avec nous, nous emmenait promener, nous faisait la lecture quand nous étions malades, nous fabriquait des jouets et nous apportait des bonbons.

La mort de ce grand-père gâteau marqua la fin de mon enfance.

Quelque chose d'irremplaçable que je serais bien en peine d'expliquer exactement, disparut avec lui. Une douceur, une patience, une attention, une disponibilité sans doute qui tenaient à la fois à son âge et à son caractère. En y songeant je me demande comment il avait fait pour avoir un fils qui lui ressemblât si peu, genre de question dont on perçoit la sottise au moment où on la pose.

Mon grand-père apportait avec lui l'air du dehors, à nous qui vivions dans une sorte de champ clos où s'exaspéraient les tensions. Il me semble que sa présence apportait une détente dans l'atmosphère de la maison. J'ai envie de dire que mon grand-père avait une sorte d'aura bénéfique qui s'en alla avec lui.

La mort d'un grand-père, même très aimé, ne peut se comparer à celle d'un père car elle n'introduit pas la désorganisation dans l'économie familiale. Ni désorganisation affective, ni désorganisation matérielle qui l'accompagne trop souvent, entraînant un bouleversement total du cadre et du climat de vie.

Un grand-père joue un rôle différent de celui du père dans la mesure où il n'occupe pas la même place auprès de la mère. Sa disparition ne provoque rien de violent ni d'insurmontable chez elle surtout quand il ne s'agit pas de son propre père. Quant à l'enfant, il n'éprouve pas pour lui les sentiments passionnés et contradictoires qu'il a généralement pour ses parents. C'est une relation paisible qui peut être précieuse à l'enfant en raison même de ce caractère plus distant qu'introduit le double écart de générations et l'absence de responsabilité directe du grand-parent dans l'éducation de l'enfant.

Pourtant cette mort dont j'ai conservé le souvenir si longtemps, me fait mieux pressentir ce que la mort d'un père ou d'une mère peut représenter pour un enfant, son importance et le poids qu'elle fait porter à de jeunes êtres dont l'univers est complètement bouleversé par elle.

Eva a six ans. C'est une jolie petite fille brune aux yeux bleus. Elle adore son père qui le lui rend bien. Il y a entre elle et lui une merveilleuse complicité que sa mère regarde avec une indulgence attendrie. Elle se sent suffisamment aimée pour ne pas en prendre ombrage. Au contraire. Que son mari et sa fille s'entendent si bien la remplit de joie.

Eva a cette chance d'être la fille d'un couple uni, d'un couple qui s'aime.

Mais c'est la guerre qui n'a pas égard au bonheur. Les bombardements succèdent aux bombardements. Un jour le père d'Eva ne rentrera pas à la maison. Son corps ne sera même pas retrouvé.

Eva se souvient de l'atmosphère soudain changée, des pleurs, des murmures, des chuchotements comme si les grandes personnes avaient eu peur de réveiller quelqu'un. Eva pressent des choses terribles, menaçantes, avant de comprendre l'incompréhensible : son père est mort.

Comment pourrait-elle comprendre ce que rien n'a matérialisé : un matin son père est parti comme d'habitude et il n'est pas rentré.

La catastrophe s'abat sur le monde chaud et rassurant de son enfance où Eva s'était épanouie entre deux parents aimants.

Son père bien-aimé est mort. Comment le croire ! Eva s'y refuse. Lorsqu'elle se retrouve seule à la maison puisque sa mère est obligée de travailler, Eva se réfugie dans son lit et elle attend.

Elle attend sans pouvoir rien faire d'autre, elle attend que son père revienne.

« J'étais sûre qu'il allait rentrer à la maison », me dit-elle. Elle était sûre d'entendre de nouveau sa voix. Il lui arrivait de rester ainsi des journées entières sans faire autre chose que de l'attendre, sursautant à chaque coup de sonnette, le cœur battant la chamade au moindre bruit. Espoir toujours déçu et sans cesse renaissant.

Il est émouvant d'entendre Eva parler de son père, de tout ce qu'il a représenté pour elle, plus de quarante ans après, comme si c'était hier. J'ai l'impression d'avoir soudain devant moi la petite fille de six ans qu'elle a été et le père est venu s'asseoir entre nous deux, fantôme silencieux mais combien présent.

Tandis qu'elle raconte, je pense à cette petite fille seule à la maison, si seule et si malheureuse sans personne pour l'aider car Eva devant le chagrin de sa mère ne put que taire le sien pour la protéger.

Repliée sur elle-même Eva n'eut d'autre ressource que de nier la mort de son père. Le compagnon de ses jeux, l'homme si tendre et si fort qui chaque soir venait lui souhaiter bonne nuit dans son lit avec des baisers, ne pouvait pas l'avoir abandonnée, ce n'était pas vrai, elle était sûre qu'il allait revenir. Pourtant, à mesure que passaient les jours, elle fut obligée de reconnaître que son père ne rentrerait pas. Alors elle inventa des histoires qu'elle se racontait à elle-même et qu'elle racontait en classe parce qu'elle avait honte devant les autres de ne pas avoir de père, comme si elle en était coupable. Elle racontait qu'il était parti en voyage, elle parlait de lui comme s'il était encore vivant.

Que de variantes, que de broderies n'a-t-elle pas inventées ainsi blottie dans son lit, l'oreille aux aguets ! et le soir avant de s'endormir, quand le poêle faisait remuer des ombres au plafond, elle croyait entendre la voix aimée avant de sombrer dans le sommeil, sûre que son père allait venir l'embrasser.

Dans le récit de la femme qui fut cette petite fille, nous retrouvons la négation, la culpabilité et aussi la responsabilité qu'un enfant est capable d'assumer devant la douleur d'un adulte qu'il aime. Il se tait plutôt que d'y ajouter par sa propre peine. Non seulement Eva eut à supporter le chagrin de la mort de son père mais aussi celui d'être séparée de sa mère puisque celle-ci l'envoya à la campagne pour la soustraire au danger. Mesure bien compréhensible mais dont les raisons échappaient complètement à une petite fille de son âge. Eva crut que sa mère ne l'aimait plus.

L'univers dans lequel elle avait vécu jusque-là achevait de s'effondrer puisque son père avait disparu et que sa mère était fâchée, seule explication qu'elle ait trouvée à cette séparation.

Quelle qu'en soit la raison, un enfant a beaucoup de mal à supporter la séparation avec le parent qui lui reste au moment du deuil, avant que celui-ci ait eu le temps de s'accomplir.

La mort d'un être si proche, essentiel pour tout dire, est déjà difficile à accepter; elle introduit trop de bouleversements pour y ajouter encore celui des habitudes qu'un enfant a du mal à abandonner, d'autant plus de mal qu'il est plus jeune. Plus il est petit en effet, plus il a besoin d'un monde stable pour se repérer. Lorsque dans un tel moment, on le confie à une grand-mère, à une tante, ou à des amis, voire à des étrangers — ce qui s'avère parfois nécessaire pour des raisons d'organisation matérielle ou autres — l'enfant est complètement désorienté en dépit de toute l'affection qui peut lui être témoignée. Mais surtout, il risque de croire, ce qui se produisit pour Eva, que sa mère ne l'aime plus ou qu'elle est fâchée, ce qui pour un enfant, revient au même, parce qu'il ne dispose pas encore des moyens qui lui permettraient de comprendre les raisons de la séparation presque toujours insuffisamment expliquées. Tout est rendu d'autant plus difficile qu'un enfant n'a pas la même notion du temps que nous: quelques jours peuvent lui paraître des années. Enfin, parce qu'il est plus prompt à se sentir coupable que d'accuser sa mère de l'avoir abandonné: si elle se sépare de lui, c'est qu'il est mauvais; c'est pour cela qu'elle ne l'aime plus.

Il est facile d'imaginer la détresse de cette enfant, ce qu'elle put éprouver en se retrouvant toute seule dans un milieu étranger, seule avec un chagrin qu'elle ne pouvait partager. Quelque chose m'en arrive, comme un écho assourdi qui fait imperceptiblement frémir les lèvres d'Eva, tandis qu'elle me raconte son histoire.

Parce que les enfants jouent, parce qu'ils continuent de jouer apparemment comme si de rien n'était, nous avons souvent l'impression qu'ils oublient très vite ou qu'ils sont insouciants ou encore que la mort d'un être cher ne les touche pas autant que nous. Ce n'est pas vrai, loin de là, comme le prouve abondamment la clinique des enfants.

Nous oublions que les enfants n'ont pas les mêmes moyens d'expression que nous et tout d'abord que le jeu est une activité importante pour eux, leur activité principale. Le jeu n'est pas du tout pour eux ce que nous entendons par ce mot, nous les adultes. Activité ludique certes mais dénuée du caractère futile que nous lui attribuons. Les enfants continuent à jouer comme nous continuons à travailler, par la force des choses, à moins de tomber malades.

A cela il faut ajouter que les enfants sont extrêmement pudiques et qu'ils comprennent très vite qu'il vaut mieux se taire plutôt que d'être ou de se sentir mal compris par les adultes qui les entourent. Il arrive aussi qu'un enfant se rende très bien compte que sa propre douleur est insupportable au parent restant — ici la mère —, pour le protéger il se tait, ainsi qu'Eva l'avait fait.

Pourtant la disparition, la mort d'un parent qui jusqu'à présent a fourni à l'enfant un point de repère sûr dans un monde encore incertain et inquiétant pour lui — n'étaient justement ces figures familières qui l'étayent, le confortent, lui procurent la sécurité —, a forcément un impact plus important encore que pour l'adulte. Ce dernier perd un objet d'amour avec tout ce que cela comporte d'atteinte narcissique, puisque perdre un être qu'on aime c'est perdre une part de soi, mais l'enfant lui, perd non seulement un objet d'amour mais encore un modèle sur lequel il s'appuyait pour construire son identité, comme si dans une randonnée en montagne, soudain, nous étions abandonnés par le guide sur lequel nous calquions nos mouvements. Je ne veux pas dire par là que la douleur de l'enfant est plus importante que celle de l'adulte mais que ses répercussions risquent d'être plus difficiles à intégrer chez un être en formation dont l'organisation psychique est encore fragile.

Les enfants sont souvent beaucoup plus touchés qu'on ne le croit même quand ils sont tout petits, quand nous nous imaginons qu'ils ne comprennent rien.

La voix du père a tout d'un coup disparu de leur univers. Ces sons graves qu'ils ont entendus dans le ventre de leur mère, cette forme qui s'est penchée sur leur berceau, a joué avec eux, les a tenus d'une certaine façon dont le corps se souvient.

Même très petit, un enfant enregistre beaucoup d'impressions, de sensations auditives, kinesthésiques, gustatives, tactiles; la peau du père n'a ni le même goût ni la même texture que celle de la mère, sa voix n'a pas le même timbre.

Précocement le père existe comme donnant certaines sensations qui le différencient du reste du monde, aussi s'il vient à manquer, le monde de l'enfant se modifie d'une façon que celui-ci ressent très bien s'il ne peut rien en exprimer.

Plus un enfant est jeune, plus il est sensible à l'atmosphère ambiante qui pénètre en quelque sorte en lui sans qu'aucune barrière ne puisse encore s'y opposer, de sorte qu'il en capte les moindres nuances, les moindres humeurs tel un animal sauvage dans la forêt ou un oiseau migrateur.

Bien rares sont les gens qui ont des souvenirs en deçà de deux ans, comme si nous ne pouvions nous souvenir de ce qui existait avant la parole. Pourtant il semble bien que le corps, lui, se souvienne pour nous, que tout y soit inscrit. Alors, croire que la mort avec ce qu'elle modifie de la vie quotidienne de l'enfant, puisse être un choc difficile à intégrer même chez un tout petit incapable d'en rien exprimer faute de « mots pour le dire », ne semble pas aussi absurde qu'on serait tenté de le penser au premier abord.

Ceci nous amène d'ailleurs à remarquer l'importance de l'âge qu'a l'enfant au moment de la mort de son père (ou de sa mère bien entendu). Les réactions de l'enfant, sa façon d'intégrer cette perte, vont dépendre de plusieurs facteurs qui interagissent les uns sur les autres et qu'on ne peut séparer : l'âge de l'enfant comme je viens de le dire, au moment de l'événement, la façon dont la mère va le vivre, il ne faut pas oublier que l'enfant est si dépendant de sa mère qu'il ne pourra accomplir ce que Freud a appelé « le travail du deuil » que dans la mesure où sa mère pourra elle-même l'accomplir. Enfin, la capacité de l'enfant de résister à cette souffrance dépend aussi de ses ressources génétiques, je veux dire par là que les capacités intellectuelles plus ou moins grandes d'un enfant ont un rôle à jouer dans sa façon de prendre de la distance avec ce qui le blesse.

Si l'affectivité entrave souvent le fonctionnement de l'intelligence, à l'inverse, l'intelligence est un atout dans la façon dont nous appréhendons les événements, nous permettant de mieux en maîtriser l'impact.

Il arrive quelquefois qu'un enfant semble ne rien manifester devant la mort de la personne aimée, le chagrin ressenti comme trop dévastateur a été refoulé et ne s'exprimera que plus tard, à la faveur d'un événement beaucoup moins important parfois mais qui, entrant alors en résonance avec le choc antérieur, ouvrira en quelque sorte, une voie de décharge détournée à la douleur jusqu'ici inexprimée. On s'étonne alors de la disproportion entre les manifestations de tristesse de l'enfant et la cause apparente, souvent banale, qui les a provoquées.

Très souvent aussi, cette impossibilité pour l'enfant d'extérioriser son émotion spontanément vient de l'attitude des adultes qui l'entourent. Soit que l'enfant ne veuille pas ajouter à leur peine, comme je l'ai déjà dit, soit encore que les adultes ne permettent ni à eux-mêmes ni aux autres de manifester leur émotion.

Aujourd'hui la société n'autorise pas les gens à vivre et à exprimer leur douleur. Passé les quelques jours qui précèdent ou suivent la mort de la personne aimée, l'on n'en parle plus. On ne pleure plus, plus de tristesse apparente. On porte les mêmes vêtements qu'avant, on sort, on ne modifie rien à sa vie, toute expression de deuil est bannie. On fait comme si rien n'avait eu lieu.

Il y a là une telle négation de la souffrance et de la mort qu'on peut se demander comment cette souffrance pourra jamais être intégrée, métabolisée ! Notre société ne fait plus de place à la mort ; en fait-elle alors à la vie ?

Des gens atteints au plus profond d'eux-mêmes, mettent tout leur courage, toute leur volonté à masquer leur douleur, à n'en rien laisser paraître. Cela choque, comme une soumission à une exigence inhumaine qui contraint les gens à contenir en eux des émotions bouleversantes qui auraient besoin au contraire d'être exprimées, non que ce soit une obligation mais qu'au moins la liberté leur en soit laissée.

La société d'autrefois, dont nous avons rejeté les règles — à certains moments trop contraignantes, fausses, vidées de leur sens — savait cependant prendre en charge ceux de ses membres qui étaient touchés par une grande douleur. Elle leur permettait d'extérioriser leur chagrin à l'intérieur d'un rituel ; les rites, les signes extérieurs du deuil étant très précisément programmés.

Règles qui nous ont paru abusives, périmées, hypocrites — et certes, elles l'étaient souvent — mais en même temps, elles protégeaient. A leur abri les gens pouvaient parler ou se taire, pleurer, vivre leur deuil jusqu'au bout. Ils pouvaient « faire leur deuil » pour reprendre l'expression de Freud. La société respectait ce temps nécessaire et les gens n'avaient pas besoin de nier leur chagrin, de faire comme si. Car, tout ce qui est nié passe « quelque part », tout ce qui est nié opère à notre insu, trace son chemin insidieusement, cherchant une issue à tout prix.

En somme, nous avons rejeté les rites du deuil comme une mascarade hypocrite pour aboutir à une autre mascarade beaucoup plus cruelle qui consiste à masquer l'existence même de la souffrance.

La mort nous fait si peur, elle déclenche une telle horreur qu'il devient indécent d'en porter les signes. Rien dans le vêtement, dans les propos, dans les visages de ceux qui restent ne doit témoigner de leur chagrin : ce serait trop gênant pour les autres qui s'éloigneraient comme on s'éloignait autrefois des pestiférés ou des lépreux.

Alors l'enfant dans tout cela, quelle place peut-il avoir ? quel droit lui reconnaît-on d'avoir du chagrin ?

Par sa présence, parce qu'il est en pleine croissance, l'enfant représente pour l'adulte frappé par la mort la vie et l'avenir comme les pousses vertes enfouies sous les feuilles au cœur de l'hiver témoignent du printemps qui va venir.

Une des caractéristiques de la période de deuil, c'est la dépression, ce sentiment que le temps s'est figé, qu'il n'y a plus de perspective, plus de projet, le monde est devenu minéral en quelque sorte. Les gestes que l'on fait, les actions que l'on entreprend participent de la routine et de la mécanique. On agit comme un robot dépourvu de sensations.

Pendant cette période, parfaitement normale, pourvu qu'elle ne s'installe pas à demeure, les rires, les jeux, la spontanéité d'un enfant apportent à l'adulte un soulagement, une bouffée d'air frais. Il est une fenêtre ouverte sur la campagne, un chemin qui mène quelque part quand toutes les issues semblaient bouchées.

L'enfant sent très bien la demande implicite des adultes: tu es ma consolation et mon soutien. Il est l'oxygène du plongeur qui garantit de pouvoir remonter à la surface, qui en maintient l'envie.

Devant cela l'enfant n'a plus qu'à « entrer dans le silence » selon l'expression de Ginette Raimbault [1] qui a écrit un très beau livre sur l'enfant et la mort.

Mais ce faisant, les voies de la régression lui sont interdites.

Lorsque la mère, à la suite d'un deuil, ne peut être à l'écoute de son enfant à cause de sa propre dépression, quand non seulement elle ne peut lui laisser exprimer son chagrin, mais encore qu'elle lui demande implicitement de l'aider, l'enfant n'a pas la liberté de régresser; il ne peut se le permettre puisque l'adulte tutélaire lui fait défaut. Il faut, en effet, posséder un appui pour pouvoir se permettre cette espèce d'abandon qu'implique la régression. Cela veut dire que, momentanément, on se démet de sa vigilance, on abandonne une part de la maîtrise acquise sur le monde, du moins en ce qui concerne l'enfant. Au lieu de s'appuyer ainsi sur l'entourage, l'enfant est obligé de recourir à ses propres forces, il est obligé de puiser en lui-même les ressources qui lui permettront de faire face à l'adversité.

1. Psychanalyste, auteur de *L'Enfant et la mort,* Privat, 1976.

Dans ces conditions, il se produit une sorte de raidissement du Moi soumis trop précocement à une tension trop forte que l'enfant ne peut soutenir qu'à ce prix. Un peu comme lorsque nous nous arc-boutons pour soulever une charge trop lourde ; certes, nous la soulevons, mais au prix de la mobilité et de la souplesse. Nous retrouvons notre aisance de mouvement dès que la charge nous est enlevée mais, dans le domaine psychique et surtout chez un être en formation, il n'en va pas de même. Cette tension excessive risque de laisser des traces dans la personnalité de l'enfant, à la façon dont une reprise dans un tissu peut en altérer la solidité tout en l'épaississant.

On pourrait formuler les choses autrement, et dire qu'un enfant peut être amené par suite de la mort d'un des parents, à mûrir trop vite et trop tôt, et à prendre des responsabilités qui ne sont pas de son âge, le privant ainsi de la faculté de jouir pleinement de l'état d'enfance, c'est-à-dire d'être sans souci ; ce qui a pour résultat de tarir ou d'appauvrir les sources de *la vie vivante.* Je connais une femme que le sentiment de ses responsabilités à l'égard de ses frères et sœurs plus jeunes, quand elle était petite fille, à la suite non de la mort, mais de la maladie du père et de la dépression larvée de la mère, a conduite à abandonner toute la spontanéité et l'insouciance de l'enfance. Devenue adulte, il ne lui a pas été possible de mettre en œuvre les dons artistiques qu'elle possédait indéniablement, comme si une partie d'elle-même avait été amputée de sa possibilité de créer.

La chance d'Eva, ce qui lui permit sans doute de continuer à croître de façon satisfaisante, fut d'avoir atteint un certain niveau de développement dans de bonnes conditions, puisqu'encore une fois, ses parents étaient unis et l'aimaient. Elle avait été une petite fille très attendue et choyée, ce qui lui avait donné cette confiance fondamentale dont parle Winnicott, celle qui se constitue au tout début de la vie comme les fondations solides sur lesquelles peut s'édifier la personnalité.

De la sorte, Eva put surmonter la mort de son père en dépit qu'elle survînt à un moment de grande vulnérabilité, en pleine période œdipienne, au moment où l'idylle entre le père et la fille était à son apogée.

Camille elle aussi a perdu son père lorsqu'elle avait six ans, mais au contraire d'Eva, les premières années de sa vie ne se déroulèrent pas dans une ambiance heureuse.

Ses parents s'entendaient mal. Camille conserve le souvenir des disputes dont il lui arrivait d'être le témoin. Elle aimait beaucoup son père. Elle se souvient qu'il la gâtait, ne manquant jamais de lui rapporter un cadeau de ses voyages fréquents. Pendant ces absences, Camille était livrée avec ses frères aux mains d'employées de maison ou de jeunes filles au pair qui se succédaient.

Eva et Camille ont toutefois en commun d'avoir été seules filles au milieu de garçons mais, à la différence qu'Eva était la petite dernière, et Camille l'aînée. L'une fut choyée par ses frères, l'autre eut à jouer trop tôt le rôle de grande sœur responsable ; du moins, se sentit-elle responsable d'eux.

Elle en parle aujourd'hui, pourtant adulte et mère de famille, comme d'un fardeau trop lourd pour l'enfant qu'elle fut, avec un tel regret dans la voix, comme si elle voulait effacer cette période de son enfance, comme si elle avait voulu la revivre autrement, regrettant d'avoir été trop raisonnable, adulte avant la lettre, privée de l'insouciance et de la spontanéité de son âge.

Sa mère se remaria rapidement. Camille dut s'habituer à la présence d'un autre homme qui sut toutefois l'apprivoiser avec beaucoup de tact et de gentillesse, ce dont elle lui sait gré.

Bientôt Camille eut l'air de le considérer comme son père, ce qui d'une certaine façon était vrai. Elle avait enfoui le souvenir de son vrai père dans un coin de sa mémoire : « J'ai l'impression d'avoir oublié tout ce qui s'est passé avant qu'il ne disparaisse, maintenant je m'aperçois que j'avais mis ces souvenirs de côté. »

Camille était devenue une enfant très sage, très secrète, ne se confiant pas facilement, travaillant bien en classe, une enfant sans problèmes. A l'adolescence elle devint boulimique jusqu'à se rendre obèse. Pendant plusieurs années ce fut pour elle une alternance de crises durant lesquelles elle ne pouvait s'arrêter de manger — elle devenait alors énorme —, et de cures d'amaigrissement qui la menaient au bord de la dépression et du suicide. Finalement, elle réussit à se stabiliser et se maria, sans trop savoir pourquoi elle épousait celui-là plutôt qu'un autre. Pour faire une fin après plusieurs aventures qui l'avaient blessée ? Pour avoir des enfants ? Pour... ?

Aujourd'hui divorcée elle ne le sait pas encore exactement ; elle regarde simplement les choses à distance en cherchant à mettre de l'ordre dans sa vie comme on cherche à débrouiller un écheveau emmêlé.

Camille avait sans doute cherché au travers des déformations qu'elle faisait subir à son corps, à exprimer le refus de sa féminité, son horreur du sang qu'elle devait perdre tous les mois. Cette chose qui sortait d'elle-même sans qu'elle puisse en exercer le contrôle, la révoltait. Elle avait l'impression que son corps la trahissait, que la frontière qui sépare l'intérieur de l'extérieur n'était pas étanche; grossir devenait une manière de se protéger, à la fois des autres et de cette féminité qu'elle redoutait, en partie probablement parce que son père lui avait manqué au moment où elle aurait eu besoin qu'il la rassure sur elle-même.

Quelque chose de fragile s'était trouvé masqué derrière son apparence d'enfant sage et studieuse pour resurgir à l'adolescence quand il avait fallu qu'elle affronte les transformations de son corps et de sa physiologie. Ces bouleversements la renvoyaient à celui qu'elle avait subi à la mort de son père, comme si quelque chose s'était arrêté là, fixé à jamais. Ce qui n'avait pas été « parlé » alors, ce qu'elle avait enfermé au plus profond d'elle-même, trouvait enfin à se manifester de façon détournée, lui rendant l'accès à la vie adulte plus difficile.

Camille dut payer la mort de son père d'un prix beaucoup plus important qu'Eva en raison d'un environnement nettement moins favorable à son développement. Comme elle, mais pas pour les mêmes raisons, elle avait dû taire son chagrin et réprimer le sentiment de perte qu'elle avait éprouvé quand son père avait disparu de sa vie. Elle s'était repliée sur elle-même, continuant à offrir l'apparence de la bonne petite fille sage qui travaille bien en classe.

Peu de temps avant la mort de son père, Camille avait dû accepter l'arrivée d'un petit frère qui avait comblé son père d'orgueil, accaparant son attention. Camille s'était sentie délaissée, à tort ou à raison, à un moment où elle aurait désiré avoir son père pour elle seule. Elle n'avait alors rien laissé paraître de son chagrin et de son ressentiment et puis son père était mort peu après.

Dans un temps très court, de nombreux événements bouleversants s'étaient succédé dans la vie de Camille:

naissance d'un frère, mort de son père, remariage de sa mère, déménagement. Tout cela venant s'ajouter à la mésentente de ses parents qui avait accompagné ses premières années, contribuant à tracer pour elle un paysage intérieur très différent de celui d'Eva.

Le remariage de sa mère ne fit qu'accroître le désarroi de Camille, entraînant chez elle l'impression d'être doublement abandonnée. Tandis qu'Eva au contraire en dépit d'une séparation momentanée due à des événements fortuits, indépendants de la volonté de sa mère, fut bien vite rassurée sur l'amour que cette dernière lui portait.

Cependant, avec des différences provenant de leurs situations respectives, l'une et l'autre eurent à faire face à la même difficulté : renoncer à l'amour du père que la mort risque de figer en figure idéale que, ni le temps, ni le quotidien ne peuvent user, et aussi, renoncer à l'amour-fusion de la mère quand le père ne peut plus s'interposer entre elles deux.

Par sa seule présence — quand il est accepté par la mère — le père dit implicitement à son enfant de « chercher ailleurs » un objet à son désir.

Toutefois, le père symbolique est en jeu, beaucoup plus que le père réel, c'est-à-dire la représentation du père dans l'esprit de la mère. C'est là que tout se complique parce qu'intervient à ce moment son propre père à elle.

Ainsi, une femme me parle d'un souvenir qui remonte à sa petite enfance.

Elle est seule à la maison avec sa mère ; soudain, elle entend un bruit étrange — j'ai l'impression qu'elle tend l'oreille en m'en parlant comme si elle se retrouvait dans la grande maison vide, alertée par quelque chose d'insolite. « Je l'entends pleurer », me dit-elle, « je me glisse silencieusement dans le salon qui se trouve au premier étage». Elle s'est réfugiée là pour être tranquille, les volets sont tirés, on ne voit rien, je me guide sur le bruit de ses sanglots. Un peu de jour pénètre par les interstices des volets faisant briller les ors du papier qui correspond au goût des années trente, un fond noir à grands ramages dorés.

Dans un fauteuil elle est là et elle pleure, ma mère. « J'ai l'impression qu'elle ne cesse pas de pleurer durant toute ma petite enfance. »

« Maintenant, avec ce que je sais, je me demande si elle ne pleurait pas mon grand-père qui était mort juste avant ma naissance », ajoute-t-elle.

« Je ne l'ai jamais vue gaie. Le souvenir de mon grand-père était seul capable de faire briller ses yeux quand elle en parlait. »

Sa mère, semble-t-il, a été une femme toujours plus ou moins malade, d'apparence faible et effacée, elle a exercé sur les siens une domination subtile par le biais de la maladie, mais c'était peut-être pour elle le moyen le plus économique qu'elle ait trouvé pour lutter contre le désenchantement et la dépression sous-jacente qui s'alimentait de l'impossibilité de faire le deuil du père bien-aimé et, partant, la difficulté d'établir des liens adultes avec son mari dont elle réclamait toujours inconsciemment qu'il remplace ce père qu'il n'était pas et ne pouvait être, bien que, d'une certaine façon, il lui ressemblât.

Les relations qu'une femme est capable d'établir avec les hommes dépendent en grande partie de celles qu'elle a eues avec ses parents. En somme, un couple n'est pas formé d'un homme et d'une femme mais de six personnages — non en quête d'auteur comme dans la pièce de Pirandello mais en quête d'amour. Deux occupent le devant de la scène tandis que quatre se tiennent dans les coulisses, prêts à intervenir à tout moment. Leurs influences s'intriquent, s'entrecroisent dans une sorte d'entrelacs aux mailles plus ou moins serrées, où viennent se prendre les enfants. Et le jeu se perpétue de génération en génération.

Faut-il rappeler que tout ceci se passe dans l'inconscient. C'est dans l'inconscient que nous désirons coucher avec notre père, qu'inconsciemment nous retombons dans les mêmes errements que notre mère, comme Violaine dont j'ai raconté, au chapitre précédent, l'histoire commencée trois générations avant elle.

La répétition ne s'interrompt pas avant qu'un des protagonistes ne prenne conscience des fils qui le tiennent prisonnier.

Pourtant il ne suffit pas de se rendre compte qu'on est pris dans un filet pour s'en échapper, ni même de comprendre pourquoi on s'y est trouvé piégé, mais cette lucidité est un pas vers plus de liberté par rapport à ce que l'on prenait jusque-là pour une fatalité.

En repensant au récit de Violaine, j'y trouve un encouragement et un réconfort: ainsi il est possible de sortir du cercle vicieux, ainsi la démarche qui semble si vaine, inutile et coûteuse dans tous les sens du terme, démarche qui consiste à partir à la recherche de soi tel un pèlerin d'autrefois prenant la route de Compostelle — ce n'est pas un hasard si je parle de Compostelle, j'expliquerai pourquoi plus loin — cette démarche peut trouver sa récompense au-delà de nous, dans nos enfants. Nous n'en verrons peut-être pas les résultats, nous aurons l'impression d'avoir lutté en vain, mais nos enfants les récolteront peut-être. Au moins cela vaut-il la peine d'être tenté. La fille de Violaine en effet semble avoir réussi à sortir du cercle vicieux grâce à la prise de conscience de sa mère qui, si elle n'a pu elle-même éviter de répéter la situation, en a fait, en quelque sorte le diagnostic qui permet l'ouverture et le dégagement.

Si l'image de Compostelle s'est ainsi présentée à moi, c'est parce qu'elle est liée à mon père. Nous avions fait le projet d'aller à pied à Compostelle en suivant la voie lactée qu'il m'avait appris à reconnaître quand j'étais enfant. Pourquoi diable avait-il eu cette idée, lui qui n'était pas croyant? Dieu seul le sait. Peut-être avait-il eu envie de suivre la voix lactée, celle de sa mère morte prématurément, ce dont il ne s'était jamais tout à fait remis. Devenu vieux, il lui arrivait de laisser transparaître l'amour qu'il avait eu pour elle et le regret de l'avoir parfois blessée. Ce désir d'aller à Compostelle émanait-il d'un autre désir: réparer cette mère bien-aimée? Mais c'est extrapoler de manière bien hasardeuse à partir d'un mot, en jouant sur l'homonymie chère aux lacaniens. Le pèlerinage n'eut jamais lieu.

Toutes les images qui me viennent au fil de la plume et qui semblent dues au seul hasard, me ramènent toutes à mon père comme les indices qui convergent autour d'une même personne dans ce roman policier à quoi ressemble une psychanalyse où nous jouons à la fois le rôle de la victime et de l'assassin, du témoin et du policier.

Lorsque le père d'Eva avait dit devant le berceau de sa fille qui venait à peine de naître: «je pense qu'un jour elle partira au bras d'un autre homme», ce qui les avait bien fait rire lui et sa femme, pouvait-il se douter alors que ces mots deviendraient pour Eva une sorte de viatique, une reconnaissance, une élection. Cette jalousie qu'il avait manifestée naïvement, c'était comme s'il l'avait intronisée femme. Ces mots avaient eu d'autant plus de poids qu'ils avaient été transmis par la mère, avec tout l'effet de halo, les résonances qui entourent certains mots dans l'amour et la complicité, chargés de tout un non-dit bénéfique cette fois. Ainsi, en lui transmettant les paroles du père, elle lui disait tacitement : « Je te le désigne comme jaloux et désirant à ton égard mais cependant il m'appartient. C'est lui et moi qui avions à faire ensemble et nous t'avons faite. »

Cette anecdote devenue partie de la légende familiale, un de ces récits indéfiniment répétés avec le même plaisir, m'était racontée par Eva avec une sorte de fierté attendrie et attendrissante qui témoignait de l'importance des bonnes relations entre le père et la mère pour que les choses se passent au mieux pour la fille.

La mère avait transmis à sa fille la parole du père signifiant l'interdit de l'inceste et posant la différence de générations.

L'HOMME REJETÉ

De nos jours, un nombre relativement important de femmes ont choisi d'avoir des enfants toutes seules, autrement dit d'avoir des enfants sans père, sans homme, sauf pour le temps de la conception, en attendant, peut-être, que les banques de sperme permettent à toutes celles qui le désireraient de se passer de l'acte sexuel jusqu'ici indispensable.

Il arrive que l'homme soit non seulement rejeté comme partenaire de plaisir, mais plus encore, semble-t-il, en tant que compagnon et coauteur de l'enfant.

Phénomène intrigant. Car, enfin, qu'est-ce qui peut bien pousser des femmes à frapper d'ostracisme celui qui depuis toujours a été leur complément ? Ici, une question vient à l'esprit : la place de père et la place de l'homme près de la femme sont-elles liées ?

Quand celui-ci est repoussé, celui-là ne risque-t-il pas de l'être bientôt ? Autrement dit, ce geste extrême qui consiste à évincer le père de son enfant ne s'inscrit-il pas dans la logique du mouvement d'émancipation des femmes vis-à-vis du pouvoir de l'homme ?

Ce phénomène de rejet est-il une mode, passagère, comme toutes les modes, correspondant à quelque excès du féminisme ou est-ce un sentiment beaucoup plus profond, témoignant d'un rejet de l'homme enfoui depuis toujours, qui profite de la conjoncture pour s'exprimer enfin ?

La misogynie des hommes a été décrite ou parlée depuis fort longtemps. Swift, Strindberg et tant d'autres l'ont fait dans leurs œuvres. Il y a quelques années, un psychanalyste américain[1] publiait un livre portant le titre : « la peur de la femme » où il décrivait toutes les peurs, les dégoûts, les fantasmes des hommes face à la femme, tous les mythes qui incarnent ces peurs. Des cinéastes, comme Fellini, ont mis en scène des femmes monstrueuses, des caricatures de femmes exprimant leurs fantasmes de femelles dévorantes, castratrices, leur terreur d'être complètement annihilés par elles. Picasso en fait autant dans certaines de ses toiles. Rien d'équivalent à tout ce florilège, chez les femmes. Aucune d'entre elles n'a jamais exprimé cette peur viscérale de l'autre sexe. Quand elles ont peur, c'est d'une peur concrète, parfois justifiée. Il existe des femmes battues ou violées. Pour elles, ce n'est pas un mythe.

La peur qu'elles ressentent puise son origine dans des faits bien réels, alors que celle des hommes à l'égard des femmes est complètement irrationnelle.

Quand les femmes se plaignent des hommes, du fameux égoïsme masculin, elles en parlent comme de l'égoïsme des enfants ou de la pluie qui mouille. Rien à voir avec le discours des hommes, de certains hommes, qui expriment leur dégoût et leur mépris de l'univers féminin. Misogynie est un terme qui n'a pas d'équivalent à l'usage des femmes, il n'existe pas de mot qui traduise la haine de l'homme, ce qui est tout de même porteur de

1. W. Lederer, *Gynophobia ou la peur des femmes*, Payot, 1970.

sens. Serait-ce que la femme ne peut haïr celui qui sort de son ventre?

Ou bien ne serait-ce que dans une société à dominance patriarcale, ne pouvant se permettre d'exprimer tout haut ce qu'elle pensait tout bas, la femme n'avait pas d'autre issue que le complet refoulement?

Dans cette société-là, la femme ne se justifiait que par les maternités, sauf exception; il lui était alors difficile de ne pas se marier même si elle n'en avait aucune envie puisque c'était la seule façon pour elle d'exister, d'acquérir une identité. En effet, une femme ne pouvait être considérée qu'en tant que femme mariée, veuve ou vierge à marier, encore que dans ce dernier cas il s'agissait d'un laps de temps très court au-delà duquel elle tombait dans la catégorie des « vieilles filles ».

La liberté sexuelle acquise grâce à la pilule contraceptive à laquelle est venue se joindre la liberté économique, permet aux femmes de ne plus dépendre des hommes pour leur subsistance. Elles peuvent dorénavant choisir leur vie. Choisir un homme ou, au contraire, l'exclure de leur vie en tant que compagnon de tous les instants.

Il est probable que les moyens contraceptifs modernes n'ont été découverts qu'au moment où les esprits étaient devenus suffisamment ouverts pour les accepter, de sorte qu'on ne sait si les femmes sont plus libres à cause de la pilule ou si la pilule n'a été élaborée que parce que les esprits avaient suffisamment évolué pour le permettre. C'est toujours l'histoire de l'œuf et de la poule.

En fait, ce qui nous paraît nouveau et alarmant, ce rejet de l'homme par certaines femmes, assez nombreuses cependant pour nous interroger, n'est peut-être pas aussi nouveau dans son fond mais seulement dans la forme qu'il prend pour s'exprimer.

Si les hommes parlent depuis longtemps et ouvertement, de leur misogynie, c'est peut-être parce que leur place dans la société le leur permettait. Un homme qui refusait ou dénigrait les femmes n'en continuait pas moins d'être apprécié pour son travail ou son esprit ; son statut dans la société ne risquait pas d'en être affecté et s'il n'avait pas d'enfants, nul ne songeait à lui en tenir rigueur. Encore aujourd'hui, un homme seul est toujours mieux accepté qu'une femme seule, sauf si cette femme a su atteindre un degré de notoriété tel qu'elle valorise ceux qui la fréquentent. Alors on la reçoit quels que soient ses mœurs et son mode de vie. C'est ainsi que de tout temps des femmes que leur fortune et/ou leur talent mettaient au-dessus des lois, ont mené la vie qu'elles voulaient: George Sand, Madame de Staël, Madame Vigée-Lebrun, Rosa Bonheur, tant d'autres encore, sont là pour en témoigner.

Hormis ces cas privilégiés, les femmes devaient accepter le sort commun, c'est-à-dire le mariage, même celles que leurs goûts ou leur répugnance en aurait tenues éloignées. Il n'était pas question pour elles d'exprimer leur aversion et sans doute ne se l'avouaient-elles pas à elles-mêmes, tant nous excellons à nous mentir, surtout quand il s'agit d'un enjeu aussi important que notre place dans la société. Les femmes n'avaient pas d'autres alternatives que d'être des mères de famille respectées ou des vieilles filles tolérées.

Dans ces conditions, les femmes pouvaient-elles donner libre cours à leurs fantasmes à l'égard des hommes comme ceux-ci pouvaient le faire sans danger à leur endroit? Pouvaient-elles laisser émerger ces peurs sans fondement sinon dans un vécu archaïque? Mais je m'aperçois ici que ma belle construction visant à expliquer la différence entre les femmes et les hommes dans leur attitude face à l'autre sexe, s'effondre comme un château de cartes. Parce que si je parle d'une peur archaïque, c'est-à-dire d'une peur qui remonte au tout début de la vie, celle qu'éprouve le nouveau-né à l'égard de cette mère nourricière à laquelle est suspendue sa vie, cette peur archaïque s'adresse à la même personne qu'on soit fille ou garçon. Et la peur de la mère est d'une tout autre sorte que celle éprouvée face au père, parce que la relation à celui-ci intervient plus tardivement dans la vie de l'enfant, quand il possède déjà un moi structuré. Dans ces conditions, mon échafaudage ne tient pas debout et je suis ramenée à ma première hypothèse : si la femme ne semble pas éprouver cette peur déraisonnable devant le sexe opposé que ressentent si souvent les hommes, c'est parce qu'au moment où elle rencontre le père, elle a quitté le monde menaçant des premiers mois de la vie, de sorte que le père ne peut lui apparaître sous les traits d'un monstre terrifiant et par conséquent, les hommes qu'elle rencontrera plus tard ne pourront en emprunter le masque redoutable. Il en va autrement pour le garçon que les femmes renvoient toujours plus ou moins à la mère. Celle des premiers temps de la vie, avant la parole.

Mais alors que fuient-elles ces femmes qui ne veulent pas de père pour leur enfant ? Quel père ont-elles eu, à partir duquel elles se sont fait une image de l'homme ? A moins qu'elles n'aient pas eu de père, à moins que cette image négative ait été transmise par leur mère, faisant de la sexualité, de l'union d'un homme et d'une femme, quelque chose d'inadmissible.

Suffisait-il de vilipender et de dénoncer la domination masculine pour prendre un parti aussi extrême : chasser les hommes de leur vie, jusqu'à adopter parfois les amours saphiques, en réaction à leur pouvoir ?

Sarah vient de rompre avec une amie chez qui elle vivait depuis des années. En prenant de l'âge, elle s'aperçoit qu'elle a fait une erreur, du moins le ressent-elle ainsi aujourd'hui. Elle vient parler sa douleur, sa vie gâchée, son désespoir de n'avoir pas d'enfants: « J'ai élevé ceux des autres » dit-elle d'un ton où perce le regret et la frustration. Sarah se retrouve seule après des années de vie commune, sans l'avoir voulu: ce n'est pas elle qui a pris l'initiative de la rupture. Sarah se relève péniblement comme un boxeur envoyé au tapis pour le compte. Elle ne sait plus où elle en est. Elle se tâte, endolorie de partout, en morceaux, sa vie perdue, finie et cette idée lancinante: « Je n'ai pas eu d'enfants. » Pourquoi cette idée maintenant; maintenant qu'il est trop tard, qu'elle ne pourra plus jamais en avoir. Mais justement à cause de cela. Parce que la nature a fermé cette porte, lui ôtant cette possibilité. Il est trop tard mon Dieu! La ménopause qui met un terme à la vie féconde de la femme, cela aussi les hommes l'ignorent. Cela aussi sépare, rend différent l'homme de la femme.

Sarah ne pourra plus jamais avoir d'enfants. Elle n'y avait pas pensé jusque-là. Mais maintenant, le choix qu'elle a fait de cet amour hors des normes, elle trouve qu'elle l'a payé trop cher. Par sa faute, sans doute, mais c'est peut-être pire que lorsque les maux qui nous frappent incombent à des événements extérieurs à nous, où nous n'avons aucune part, en apparence du moins, ce qui nous délivre de la responsabilité.

Sarah s'interroge sur le choix qu'elle a fait alors qu'elle n'a plus la possibilité de choisir. Voilà ce qu'elle redit inlassablement, avec en filigrane, nous le savons toutes deux sans que rien ait été dit, la mort comme porte de sortie d'une situation qui, pour le moment, lui paraît sans issue. Cette impasse dont on croit ne jamais pouvoir sortir.

Elle se sent responsable et s'interroge sur ce choix

qu'elle a fait, il y a près de vingt ans. Le tragique, c'est qu'elle n'a plus le temps, qu'il est trop tard pour elle pour mettre au monde ces enfants qu'elle aurait tant aimé avoir. Il faut qu'elle affronte soudain et la solitude et l'amertume du jamais plus. Un sentiment d'incomplétude l'accable. Celui du renoncement viendra peut-être, qui pourra l'amener après ce sombre passage, à d'autres réalisations, à des satisfactions qu'elle est incapable d'envisager dans l'immédiat.

Il est des moments dans la vie où il est plus difficile qu'à d'autres d'affronter les coups que cette dernière inflige.

Plus jeune, Sarah aurait sans doute mieux supporté cet abandon qui la détruit. Mais aujourd'hui elle se sent vieille, lasse, fatiguée tout simplement, mortellement fatiguée.

Au-delà de la blessure nacissique que tout abandon apporte quel que soit l'âge, il existe chez elle ce sentiment aigu du temps qui se rétrécit comme une peau de chagrin. Elle pense maintenant avoir gâché la plus belle part de sa vie. Alors elle s'interroge sans cesse, elle cherche à comprendre pourquoi elle a vécu ainsi, comme un joueur de bridge qui essaie de retrouver après la partie, les erreurs qu'il a pu commettre et comment il aurait pu mieux utiliser les cartes qu'il avait en main au départ. Jeu stérile peut-être, mais qui donne parfois à ceux qui en ont le goût une satisfaction amère. Colette ne disait-elle pas « je n'ai pas été habituée à préférer ce qui est sauf d'amertume ».

Dénouer les nœuds qui ont bridé et enserré une vie à son insu. Saisir les raisons qui ont fait qu'elle a pris cette direction plutôt qu'une autre et plus précisément celles qui ont poussé Sarah vers une femme au point qu'elle a pu renoncer à ce privilège des femmes : donner la vie.

Sarah se met à parler de son enfance. Peu à peu devant moi, elle met en scène sa famille, elle distribue les rôles, arrange les éclairages. Au milieu, une petite Sarah apparaît, une inconnue qu'elle découvre en même temps que moi et que, peut-être, elle modèle au gré de ses souvenirs et de ses fantasmes. En recréant son enfance, elle reprend en main son destin. Tâche difficile et longue que Sarah accomplit avec une constance ponctuée d'arrêts, de révoltes, de découragements, de désespoir et de colère : « A quoi cela me sert ? Ne suis-je pas encore en train de perdre mon temps ? » Pourtant la menace implicite qui planait sur nos premiers entretiens s'est éloignée furtivement. Le corps de Sarah se tasse moins dans le fauteuil où elle se laissait tomber avec tant de lassitude au début. Il lui arrive de rire et de parler d'elle avec humour. Elle a donc mis une distance entre elle et son malheur, et n'est plus enfermée dedans jusqu'à l'étouffement.

Sarah s'entendait bien avec son père, trop bien peut-être, tandis que sa mère lui témoignait une grande froideur qui ne lui était d'ailleurs pas uniquement réservée. Elle soupçonne que son père en a souffert lui aussi, bien qu'il n'en ait jamais parlé. Son père était un homme érudit, « un rat de bibliothèque » ajoute-t-elle avec admiration et une pointe de mépris, serais-je tentée d'ajouter si ces deux mots n'étaient pas aussi antagonistes. Elle tient de lui son goût pour l'étude et les livres. « Il n'était à l'aise qu'au milieu d'eux. » Le reste ne l'intéressait pas, du moins, c'est l'idée qu'elle en avait, mais soudain elle se demande qui était réellement son père ? Elle ne sait rien de lui en dehors de ses goûts littéraires.

Ses parents vivaient à côté l'un de l'autre, sans chaleur comme sans animosité. Aucune émotion ne circulait de l'un à l'autre. Elle s'aperçoit qu'ils ne lui ont donné qu'une image figée, froide et solennelle du couple, une image sans vie. Sarah n'a pu s'identifier à sa mère, ni trouver dans son père autre chose qu'un compagnon d'études. Elle a eu avec lui une relation dénuée de séduction de part et d'autre, dénuée de plaisir, de tout ce qui se joue entre deux êtres de sexes différents fussent-ils père et fille. Sans trop pouvoir l'analyser Sarah a l'impression que quelque chose d'essentiel lui a manqué dans sa relation avec ses parents.

Elle m'avait dit, au début de notre rencontre, qu'elle s'entendait bien avec son père mais, maintenant, elle découvre qu'il ne l'a jamais considérée comme une femme. Elle ne s'en était jamais aperçue jusqu'ici. Ils étaient deux camarades asexués, en somme, et elle se demande qui elle est.

Est-ce pour cette raison qu'elle a fait sa vie en rejetant les hommes ? Parce qu'elle n'a pas existé comme femme aux yeux de son père ? Elle va vite dans ses conclusions, Sarah. Ce n'est sans doute pas aussi simple. Tant de choses contribuent à nous former, mais enfin elle se pose la question.

Sarah a tout de même pris son père comme modèle. A son exemple, elle s'est refugiée dans les livres, dans le savoir. Pas entièrement cependant puisqu'elle a eu cette passion pour une femme qui a occupé des années de sa vie : « Ah oui ! c'est vrai. »

Serait-elle en train d'en « faire son deuil » selon la curieuse expression de Freud que j'ai employée à plusieurs reprises par la force de l'habitude bien que je préfère celle du poète « avec le temps, va, tout s'en va ». En fait, Sarah est tellement occupée à se trouver, qu'elle en oublie de souffrir du départ de son amie qui devient presqu'un personnage secondaire dans sa vie. Un épisode, qui lui apparaît plutôt comme un épiphénomène, l'essentiel étant ailleurs, dans ce qui s'est noué entre elle et ses parents quand elle était une enfant.

Mais l'histoire de Sarah est une histoire de toujours. Le fait nouveau ce sont ces jeunes femmes qui choisissent de vivre sans nouer de liens permanents avec un homme. Elles veulent un enfant mais pas de père pour cet enfant. Elles veulent en assumer toutes seules la responsabilité. Je ne parle pas de celles qui élèvent seules un enfant sans l'avoir choisi, mais seulement de celles qui en ont fait le choix délibérément, autant que faire se peut. Car, bien souvent, lorsque nous croyons prendre tel ou tel parti, faire tel ou tel choix librement, nous ne faisons qu'obéir à des déterminismes dont nous ignorons l'existence. C'est ce que la psychanalyse tente de nous démontrer : nous ne sommes pas vraiment libres. Il est vraisemblable qu'une partie de ces femmes qui ont décidé d'être des mères célibataires, l'ont fait beaucoup plus sous la pression de la mode et sous l'influence du milieu dans lequel elles évoluaient à ce moment, que par conviction profonde.

On peut se demander ce que deviendront ces enfants, filles ou garçons élevés sans présence masculine. Que deviendront ces petites filles qui ne connaîtront jamais leur père, qui ne sauront même pas son nom ? Il est trop tôt pour répondre, mais je ne peux m'empêcher de penser à ce qu'écrit Françoise Dolto concernant le non-dit à l'enfant sur son origine : « A cette enfant on avait toujours dit qu'elle n'avait pas de père, faisant d'elle une hémiplégique symbolique. [1] »

Ce rejet de l'homme qui apparaît au grand jour parce que l'évolution des mœurs le permet n'est peut-être que l'expression ouverte d'un rejet plus subtil qui a toujours

1. Françoise Dolto, *La Cause des Enfants,* p. 235.

existé chez certaines femmes. Tout le monde connaît des familles où la complicité des femmes, mères et filles, entre elles, parfois sur trois générations, dépouille l'homme de son rôle de père, c'est-à-dire d'homme porteur d'un « phallus » ou, pour dire les choses plus simplement, le dépouille de son autorité qui est circonvenue, voire ridiculisée ; il est réduit à l'état de fantoche.

On voit bien ici le rôle de la mère et combien il est important que son mari soit pour elle un « homme » afin qu'il puisse être un père pour sa fille ; un père tenant son rôle de père et qui pourra aider ainsi sa fille à s'accepter comme femme.

On ne se vit comme être sexué que par rapport à l'autre sexe à cause de la différence, mais s'il n'y a plus de différence, comment être sûre de son identité ?

PETITE FILLE, OÙ EST TON MIROIR?

> « Je suis en pleine mutation. Je vais de moi à moi en boitant un peu, en hésitant, traînant mes pas comme une personne infirme. Je vais et ne sais quand ni où j'arrêterai ce voyage. »
>
> Tahar BEN JELLOUN, *L'enfant de sable.*

« Papa crois-tu que je pourrai plaire aux hommes ? »

C'est ainsi qu'une adolescente interrogeait un jour son père. Le propos le fit sourire, non sans émotion et vous devinez bien qu'il répondit par l'affirmative à cette question posée avec une naïve coquetterie, qui en disait long sur ce qui les unissait.

Que voulait-elle entendre de la bouche de son père, sinon qu'il la trouvait jolie et désirable ?

C'est à lui qu'elle posait la question, pas à sa mère ni aux garçons qui déjà lui avaient montré qu'elle ne leur était pas indifférente. C'était de son père qu'elle attendait cette confirmation. Elle s'adressait à lui, le premier homme de sa vie. Toutes les filles ne le font pas de cette façon directe mais toutes le font implicitement, au moins quand elles ont un père qui les aime et dont elles se sentent aimées.

Le père est en effet un miroir dans lequel la petite fille, puis l'adolescente, peut discerner les prémices de la femme qu'elle deviendra.

De l'image qu'elle y trouve reflétée dépend en grande partie — en partie seulement bien entendu — le sentiment que la fille aura d'elle-même et de son identité de femme. Elle se forme grâce aux autres, en particulier grâce à cet interlocuteur privilégié qu'est le père.

Car une identité ne se constitue que par rapport aux autres, dans cette interaction entre le monde et nous, dans ce va-et-vient qui nous pousse à aller vers les autres et à revenir en nous-mêmes pour nous ressaisir. Cependant, avant de parler de l'identité féminine et du rôle du père dans sa construction, peut-être faudrait-il tout d'abord expliquer ce qu'est l'identité tout court, au moins ce que nous entendons par ce mot. C'est encore un de ces termes abstraits que nous employons en ayant l'impression de savoir ce que nous voulons dire. D'une certaine façon, nous le savons, mais lorsqu'il s'agit d'essayer de le définir cela devient beaucoup plus difficile.

Il serait plus aisé de prendre les choses à l'envers et de dire ce que je ressens quand j'ai l'impression d'avoir perdu mon identité. Je me sens alors dispersée, éparse, débordée, incapable de faire face aux événements qui m'assaillent, impuissante à diriger ma vie, tiraillée en tous sens, dépendante du regard des autres. Un rien me déboussole. Je doute de ce que je veux et de ce que je suis. Une remarque hostile me démolit, un compliment me fait revivre. Je ne suis plus sûre de rien et surtout pas de moi-même. Je manque de poids pour me lester, navire à la dérive, corps sans gravité, je m'éparpille comme un tas de feuilles mortes emportées par le vent. Qui suis-je? Une enfant perdue sous les apparences d'une adulte.

Etre sûre de son identité comme d'une réalité infrangible c'est exactement l'inverse. C'est présenter dans son comportement et le regard que l'on porte sur les événements une certaine continuité. C'est avoir un squelette, une armature sur laquelle on puisse faire fond, c'est peut-être le sentiment qu'éprouve le cavalier sûr de sa monture, sûr de pouvoir compter sur elle, sûr qu'elle ne lui fera pas défaut même s'il prend des risques ou traverse des passages dangereux. Il aura peur, certes, mais ne ressentira pas cette angoisse confuse, indéfinissable, cette appréhension d'une défaillance qui viendrait de soi, se glisserait dans nos gestes pour les rendre maladroits, infiltrerait nos actions et nos réactions en leur donnant un tour que nous n'avions pas prévu.

Il convient de faire ici la différence, entre la peur qui a un objet précis et l'angoisse qui n'en a pas et de ce fait apparaît plus menaçante d'être inconnue et innommable, sans origine ni lieu qu'on puisse lui assigner. Angoisse donc, venue sans que nous le sachions de l'intérieur de nous, en rapport avec un vécu archaïque que nous avons oublié.

En fait, on pourrait traduire tout ceci par ces simples mots qui disent bien ce qu'ils veulent dire comme tant d'expressions populaires : le sentiment de son identité correspond à « se sentir bien dans sa peau », dans son « sac de peau [1] » qui délimite nettement le dedans et le dehors.

Cette tendance à la désintégration, somme toute banale, qui peut surgir de temps à autre dans des

1. Expression employée par D. Auzieu, psychanalyste.

circonstances qui nous débordent, nous renvoie à la non-intégration primaire, c'est-à-dire, à cette période très précoce où le bébé, ne disposant pas encore de la capacité de distinguer le Moi et le Non-Moi, vit dans une sorte de chaos qui s'organisera peu à peu, grâce à la maturation du système nerveux d'une part, et grâce aussi à la présence de la mère. La mère, ce quelqu'un d'attentif qui prend soin de lui et supplée le temps qu'il faut à ses insuffisances, lui permettant ainsi d'éviter l'angoisse qui serait envahissante si le bébé n'en était pas protégé, s'il était complètement livré à lui-même.

Mais, si la mère ou la personne qui s'occupe de l'enfant présente elle-même des insuffisances, quelle qu'en soit par ailleurs la raison (absence, maladie, deuil, dépression) l'empêchant de répondre aux besoins de l'enfant d'une manière satisfaisante, ce dernier aura des difficultés dans l'élaboration de son Moi.

L'adulte qu'il deviendra par la suite risque d'éprouver plus souvent et de façon plus intense ces moments de panique désintégrante que nous connaissons tous plus ou moins. Son retour à l'équilibre sera plus difficile. L'angoisse l'obligera à recourir à des défenses massives qui consommeront une part trop importante de son énergie.

C'est en effet dans la mesure où son comportement offre une certaine continuité que la mère peut devenir une totalité aux yeux de l'enfant et que lui-même peut à son tour devenir une personne entière distincte du monde qui l'entoure.

C'est parce que la mère le protège de la masse d'informations dont il est assailli à sa naissance, alors qu'il ne possède pas encore les moyens nécessaires pour les comprendre et les utiliser, que le bébé va pouvoir établir des points de repère pour les ordonner et aboutir à un monde cohérent. La mère filtre en quelque sorte les informations, de façon que l'enfant puisse les assimiler à son propre rythme.

Trop de changements, trop d'incertitude dans la vie d'un très jeune enfant empêchent cette intégration de se faire de manière heureuse. Il y a trop d'inquiétudes, trop de souffrances inexplicables, trop de colères impuissantes qui agissent comme facteurs dissolvants, empêchant la confiance en soi et en l'autre de se construire.

Le manque de continuité dans les interactions de l'enfant avec le monde, représenté par la mère à ce moment précoce de la vie, introduit des aléas, des trous, du fading dans l'expérience du tout-petit. Celui-ci a, alors, beaucoup plus de mal à relier les choses entre elles, à établir des relations de cause à effet puisqu'il n'est jamais sûr de rien.

Dans ce climat d'angoissante incertitude l'enfant émerge plus difficilement de son chaos originel et le monde — pour lui — aura toujours une fâcheuse tendance à y retourner.

Enfin, lui-même, au lieu de se sentir comme un tout, aura l'impression d'être fait de pièces et de morceaux mal joints, tant nous sommes le reflet de l'Autre et du monde qui nous entoure : si ce monde est insécurisant et peu fiable, c'est nous-mêmes que nous allons vivre comme insécurisants et peu fiables. Le sentiment d'identité a ses racines dans les premiers mois de la vie.

Mais je crois qu'on ne peut pas se rendre compte des difficultés auxquelles un enfant se heurte si l'on n'essaie pas d'imaginer le monde tel qu'il se présente à lui au commencement de sa vie.

L'enfant qui arrive au monde est privé de langage, privé des catégories de l'espace et du temps, de la causalité. Il est privé de mobilité, il ne peut même pas se redresser tout seul dans son berceau. Il n'a pas de mémoire car les circuits nerveux de cette dernière ne sont pas encore prêts. Il n'a donc pas encore eu le temps de se constituer un cadre de références, bien que nous sachions maintenant qu'il conserve des traces de sa vie fœtale et de sa venue au monde, inscrites de façon indélébile dans son corps.

Il ne peut donc comparer les événements qui se produisent autour de lui à quelque chose de connu, il ne peut mettre un nom sur ce qui l'entoure, ce qui le rassurerait. Il lui faut tout apprendre. Ce qu'il fait sans que nous nous en étonnions, tant cela paraît naturel. Pourtant, si l'on y songe, c'est un pur prodige!

Certains ont parlé à ce propos de révolution copernicienne pour rendre compte de tout ce qu'accomplit l'enfant durant la première année de son existence. Il passe en effet d'un monde indifférencié de sensations diffuses et indicibles à un monde organisé en perceptions différentes où l'Autre se situe face à lui, relié encore étroitement mais bien distinct. Petite planète qui avait cru que le soleil gravitait autour d'elle et qui s'aperçoit qu'elle n'est pas seule au monde.

C'est dans cette relation à l'Autre que l'enfant se structure, que son identité se forme, cet Autre dont on mesure l'importance à l'extrême dépendance de l'enfant.

L'enfant acquiert une identité par une série d'identifications successives à ceux qui l'entourent, aux personnages importants de sa vie.

Qu'entend-on là encore par identification?

Nous sommes tous plus ou moins influencés par les gens que nous côtoyons, que nous admirons, que nous aimons. Nous les imitons, nous prenons quelques-uns de leurs traits de caractère ou de leurs gestes, nous empruntons à l'un et à l'autre, non d'une façon systématique ou consciente, mais sans nous en rendre compte, par osmose pourrait-on dire.

De l'identification, Balint[1] dit : « qu'elle implique une modification du Moi sous l'influence d'un objet externe ou d'une partie de l'environnement fortement investi ». Autrement dit, c'est l'objet humain, qui résume l'environnement pour le tout-petit, c'est lui qui est investi en premier. C'est lui qui sert d'intermédiaire, qui présente le monde à l'enfant et le lui rend compréhensible. Ce n'est qu'ensuite et grâce à cette relation à l'Autre que l'enfant va peu à peu investir d'autres parties du monde et s'enrichir de toutes les sensations, de toutes les émotions que provoquent en nous nos rencontres avec le reste du monde, avec un animal familier, avec le sourire d'un bébé ou celui d'une vieille femme, avec un poème, un paysage, un tableau, une musique, l'odeur d'un jardin après une pluie d'orage, tout ce qui nous a émus, enchantés, peut-être aussi ce qui nous a bouleversés, indignés, effrayés, qui s'est accumulé en nous, à mesure que le temps passait, comme un humus dont notre identité se nourrit et s'augmente.

Si le bébé en grandissant devient peu à peu capable de faire siens et le monde environnant et le patrimoine culturel qui lui est conjoint, c'est à cause des liens qu'il a pu créer avec les autres, principalement avec ceux qui lui sont le plus proches et avec qui il a les relations les plus chargées affectivement.

Plus tard, une fois adulte, son rapport au monde, sa façon de l'appréhender, restera largement tributaire du mode de relation qu'il a établi très précocement avec ses premiers objets d'amour.

1. Balint, psychanalyste anglais.

Non seulement notre façon d'aimer mais encore de travailler, de regarder, de lire, de réfléchir ou de nous amuser, tout enfin, est déterminé par ces premières expériences.

Ici se pose une question: dans la mesure où nous sommes constitués par ces Autres, en grande partie du moins, qu'est-ce qui assure la cohésion de l'ensemble dans ce processus d'identification devant aboutir à l'identité, c'est-à-dire à quelque chose de personnel?

On pourrait croire, effectivement, que l'identité n'est qu'une sorte de placage dès lors qu'elle est constituée par la somme des identifications. Mais justement, la somme est différente de chacune des parties qui la composent. L'identité, c'est l'ensemble des identifications plus l'apport personnel. Les identifications successives ne faisant qu'actualiser ce que l'enfant porte en lui-même. S'il n'avait rien en lui-même, fût-il entouré du milieu le plus favorable, il ne pourrait en faire son profit. A l'inverse, on voit des enfants développer leurs dons dans des milieux complètement défavorisés. Il y a donc toujours interaction entre l'enfant et l'entourage. L'utilisation des modèles et leur intégration par l'enfant dépendent autant de l'un que de l'autre. Un peu comme la confection d'un gâteau et sa réussite dépendent non seulement de la qualité des ingrédients qui entrent dans sa composition mais encore du tour de main de celui qui le fait et de son habileté à utiliser la chaleur du four.

Si les identifications sont un passage obligé au cours du développement de la personnalité, il arrive qu'elles demeurent comme des corps étrangers à l'intérieur du Moi, semblables à quelque chose qui n'a pu être digéré et menace à chaque instant celui-ci d'éclatement.

Ainsi, une jeune femme se plaignait — avec quel sentiment de désespoir! — de s'identifier aux autres:

elle avait l'impression d'être leur proie; les autres s'installaient à sa place en son for intérieur pour y mener une vie autonome qu'elle regardait comme s'il se fût agi d'une personne étrangère. Tour à tour, ou en même temps, sa mère, un oncle, une amie l'influençaient au point de la dépouiller du sentiment d'être elle-même. Elle ne savait plus qui elle était, elle ne s'appartenait plus. A certains moments, lorsque la pression devenait trop forte, l'angoisse l'envahissait et dissolvait la cohésion précaire de son Moi. Elle perdait son identité qui se fragmentait en mille morceaux. Pour résister à cette irruption de l'angoisse, elle se coupait alors de toutes sensations, se privant du même coup de tout intérêt et de tout désir dans la vie.

Cette vie sans désir provoquait chez elle une telle douleur qu'elle avait recours au délire pour y échapper, illustrant de façon pathétique ce que disait Freud dans le « Moi et le Ça » : « Si les identifications objectales l'emportent, si elles deviennent par trop nombreuses, intenses à l'excès, et incompatibles entre elles, un dénouement pathologique est imminent qui peut aller jusqu'à la dislocation du moi. »

Naturellement, quelqu'un d'autre eût pu donner une autre réponse au même phénomène, le suicide au lieu du délire par exemple, ce dernier témoignant d'un sursaut du Moi pour se défendre.

Cette femme avait été, dans son enfance, prise dans une sorte de carcan qui ne lui avait jamais permis de pouvoir être elle-même. Elle avait eu, au contraire, le sentiment de devoir toujours se conformer à ce qu'on voulait qu'elle soit, en particulier aux exigences de sa mère à laquelle elle était restée soumise bien qu'elle soit devenue mère à son tour.

Lorsque je lui demandai de me parler de son père, elle

ne sut que me dire. Ce dernier était presque toujours absent et il ne semble pas avoir eu de relation avec sa fille. Elle ne se souvient de rien d'autre que de quelques interventions violentes quand elle l'avait dérangé. « Alors je filais doux », dit-elle. C'est tout ce qu'elle évoque à propos de son père. Situation extrême naturellement, à laquelle cette jeune femme a répondu à sa façon. Sans aller jusque-là, force est de constater que l'identité n'est pas facilement acquise ni surtout une fois pour toutes. Elle n'est pas quelque chose de statique, un état stable installé pour toujours. En fait, elle est remise en question aux moments difficiles de la vie, ceux qui réclament de nous une adaptation à des conditions nouvelles. Ce peut être l'entrée dans la vie active ou à l'université, le départ de la maison des parents, le mariage, une séparation, un deuil, un changement de situation, la naissance d'un enfant, une maladie, enfin tous ces événements qui jalonnent la vie de chacun.

Dans ces occasions notre identité subit une sorte de remaniement. On pourrait dire que sa solidité réside dans sa flexibilité, dans sa capacité d'absorber les chocs en prenant une forme nouvelle, en réajustant les éléments qui la composent, ceci jusqu'à la fin de la vie.

Pour en finir avec le sentiment d'identité, j'ajouterai qu'il est lié à la conscience de soi, au sentiment de ses propres limites. Il est en relation étroite avec l'image du corps.

L'enveloppe du corps définit un intérieur et un extérieur, avec à son entour une sorte de bulle qui correspond à l'espace transitionnel dont parle Winnicott, qui est ce lieu où le monde interne et le monde externe se rencontrent. Le monde intérieur, notre monde subjectif colore le monde extérieur différemment pour chacun d'entre nous en raison de notre expérience, d'un vécu différent et de nos cadres de références respectifs.

L'équilibre entre les deux mondes s'établit au centre de cet espace. Qu'il vienne à se défaire dans un sens ou dans l'autre et notre identité s'y perd. Soit que le monde subjectif, le monde du désir et des pulsions submerge l'autre, en brouille les contours, amenant la confusion entre le Moi et le Non-Moi, soit, au contraire, que nous nous laissions complètement dominer par les circonstances extérieures dont nous devenons esclaves dans l'obéissance aveugle aux rituels, aux conformismes, aux règles de la société à laquelle nous appartenons.

Dans le premier cas, nous perdons le sens de nos limites, dans le second, elles deviennent si rigides que nous risquons d'y étouffer sous une identité d'emprunt.

Une personnalité authentique se forme dans la mesure où s'établit un rapport équilibré entre le monde intérieur et le monde extérieur. Lorsque l'enfant a l'impression d'agir sur le monde en satisfaisant ses désirs et que le monde extérieur en accepte l'expression, et à l'inverse, lorsqu'il est capable également de sacrifier une partie de ses désirs aux exigences du monde extérieur. Autrement dit, lorsque les concessions que l'enfant, et d'ailleurs aussi l'adulte, est obligé de faire, ne sont ni trop importantes, ni trop douloureuses qu'il n'en soit amené à penser n'avoir aucun pouvoir sur sa propre vie. Les moments de plus grande angoisse étant justement ceux où nous avons l'impression de ne pas maîtriser ce qui nous arrive, réveillant ainsi l'angoisse primitive où nous étions à l'entière merci de l'Autre.

Plus cette angoisse première a été importante en raison des carences de l'environnement par défaut ou par excès d'amour et de soins (l'amour et les soins peuvent avoir un caractère intrusif, étouffant, aussi néfaste que leur déficience) plus elle sera facile à réveiller, plus notre sentiment d'identité sera fragile.

Ce sentiment d'être bien dans sa peau avec une distinction nette entre le Moi et le Non-Moi permet l'abandon de nos limites à certains moments de la vie. Dans l'amour par exemple où se retrouve la fusion originelle, l'unité mythique, où justement il est nécessaire d'abandonner temporairement la conscience de soi pour se fondre dans l'autre, oublier la séparation entre soi et le monde. Cet abandon est difficile pour ceux d'entre nous dont le sentiment trop précaire de leur Moi, autrement dit de leur cohésion interne, empêche de se laisser aller de crainte justement de perdre leur identité. Crainte inconsciente, bien entendu, qui introduit une maladresse, un manque de spontanéité dans notre façon d'être, une incapacité à nous laisser aller pleinement, à lâcher prise, à abandonner nos défenses, à nous jeter à l'eau.

Si j'ai pris comme exemple la situation amoureuse, c'est parce qu'elle est probablement la seule expérience de ce genre à laquelle tout un chacun puisse avoir accès. Les artistes et les mystiques connaissent d'autres états comparables où les frontières du moi sont abolies et qui sont à la fois et leur privilège et leur souffrance.

Il a fallu faire ce long détour pour revenir à la question par laquelle je commençais : comment la petite fille devient-elle une femme si déjà acquérir une identité tout court constitue une telle aventure?

Etre sûre de son sexe, en être fière et heureuse, se sentir bien dans son être-femme, en est une autre, bien qu'il soit assez arbitraire de les séparer. C'est un artifice car, en réalité, ces deux aventures n'en font qu'une, l'une étant le prolongement de l'autre. Je dirais plutôt que l'identité sexuelle vient se greffer secondairement sur une identité sexuelle primaire.

En effet, une petite fille de deux ou trois ans a déjà conscience d'être différente d'un petit garçon dans la mesure où elle a pu constater qu'il possédait quelque chose qu'elle n'avait pas. Elle sait donc que les humains se divisent en deux catégories, d'un côté les hommes, de l'autre les femmes.

Mais, même lorsque les faits la désignent comme femme, il faut encore qu'elle s'accepte telle, qu'elle entérine en quelque sorte ce que la nature lui a donné. Ce qui n'est pas aussi facile que nous pourrions le croire, comme le montrent bien ceux que l'on appelle des transsexuels : ces personnes qui possèdent tous les caractères physiques d'un sexe mais se vivent entièrement de l'autre. Autrement dit, sexe biologique et sexe psychologique ne coïncident pas toujours.

Etait-ce un hasard si au moment de parler de l'identité féminine je m'étais emparée d'un stylo rouge ?

Rouge comme le sang des règles, rouge comme l'amour et la mort.

La venue des règles signale à la fillette qu'elle est devenue femme. Et tous les mois, en synchronisation avec la Lune, les femmes perdent leur sang.

Les femmes vivent sous le signe de la perte : elles perdent leur sang, elles perdent leur virginité, elles perdent l'enfant qui quitte leur corps à l'accouchement, enfin, à la ménopause, elles perdent le pouvoir de faire des enfants. Toutes ces pertes les touchent dans leur corps, entraînant à chaque fois une modification de son image.

On peut se demander si, dans ces conditions, elles n'ont pas plus de mal que les hommes à acquérir une identité ou si, au contraire, l'obligation où elles sont de s'adapter à tous ces changements ne leur donne pas une plus grande souplesse et par conséquent une plus grande solidité.

Il semble, en effet, que d'une façon générale et seulement en ce qui concerne l'identité sexuelle, les femmes aient moins de doute que les hommes d'être des femmes que ceux-ci n'en ont d'être des hommes. Peut-être parce qu'elles sont plus proches du biologique, plus incarnées en quelque sorte, et que cette possibilité de donner la vie, de sentir un enfant remuer en elles, leur donne une certitude d'appartenir à leur sexe que ne possèdent pas les hommes.

Ce sang qui s'échappe de nous, ou plutôt qui nous échappe, est le signe de la capacité virtuelle de donner la vie, de la porter et de la nourrir, il nous distingue radicalement des hommes.

Alors, pourquoi tant de femmes ont-elles vis-à-vis des règles ce sentiment de dégoût, d'ennui, de rejet? Sentiment qui s'ancre bien plus profondément dans le psychisme que ne le laissent supposer les arguments qui sont généralement mis en avant pour l'expliquer, tels que « c'est incommode, c'est sale, c'est fatigant ».

Dans certaines sociétés, les femmes ayant leurs règles faisaient l'objet d'interdits, elles étaient soumises à des rites de purification et elles n'avaient pas le droit d'avoir des rapports sexuels pendant cette période. Chez nous, dans les campagnes, on croyait encore, il y a peu de temps, que les femmes au moment de leurs menstrues faisaient tourner la mayonnaise, empêchaient le beurre de prendre; elles ne devaient pas pénétrer dans le garde-manger de crainte que les viandes ne s'altèrent. Bref, c'était une fonction entourée de mystère, de crainte, de dégoût, dévalorisée en raison inverse du pouvoir qu'elle recelait, elle était taboue. Si tout ce folklore a disparu à propos des règles, les femmes n'en conservent pas moins des sentiments ambivalents à leur égard. Il n'est que de les interroger sur ce qu'elles ont éprouvé la première fois qu'elles ont eu leurs règles. Toutes s'en souviennent et ont vécu cet événement très différemment suivant qu'elles y avaient été préparées ou non, suivant en particulier la propre position de leur mère vis-à-vis de la sexualité. Je me suis aperçue qu'il existait encore à notre époque des petites filles de onze, douze ou treize ans qui se retrouvaient un beau jour du sang coulant le long des cuisses sans savoir ce qui leur arrivait. Personne ne leur avait expliqué à quoi il fallait qu'elles s'attendent.

Ce sang rouge qui s'écoule hors de soi, sans qu'on ait aucun pouvoir sur lui, combien de femmes le détestent parce qu'on leur a appris à le détester : « C'est sale, c'est répugnant, pouah ! »

Peut-être aussi parce qu'il symbolise leur servitude, leur passivité, leur destin de femme.

Jusqu'à présent, jusqu'à l'invention des moyens contraceptifs modernes et de l'I.V.G., les femmes subissaient : les règles, l'homme, l'enfant, tout cela leur était imposé sans égard à leur désir à elles, du moins le plus souvent. De plus, pendant des siècles, les femmes ont risqué leur vie en mettant des enfants au monde, ce que nous avons tendance à oublier depuis que les progrès de l'hygiène et de la médecine ont réduit les risques à un pourcentage infime.

Tous ces dangers, toutes ces contraintes liées à la féminité que le sang des règles symbolise, ont peut-être inscrit dans l'inconscient des femmes une peur ou une répugnance qui, pour s'effacer, demanderont plusieurs générations.

Mais ceci ne constitue qu'un aspect de ce sentiment

très complexe des femmes vis-à-vis de leur corps et de ses manifestations.

Nous savons depuis Platon, mais surtout depuis Freud, que l'être humain est un être bissexué. Les biologistes ont confirmé ces intuitions. Nous possédons, au départ, les caractères des deux sexes. Le fœtus au cours de son développement intra-utérin devient mâle ou femelle sous l'influence des hormones spécifiques.

Freud décrit dans son livre *Trois essais sur la théorie de la sexualité* comment, à partir de la naissance, la sexualité de l'enfant se transforme en passant par plusieurs étapes. L'intérêt de l'enfant est d'abord centré sur la bouche d'où il tire son plaisir érotique, puis l'intérêt se déplace sur la zone anale pour enfin se concentrer sur la zone génitale. Dans ce parcours la pulsion sexuelle peut s'égarer ou s'attarder. Freud montre comment cette évolution ne va pas de soi, elle peut subir des déviations, des régressions ou des retards, elle comporte des périodes fragiles où elle peut s'infléchir dans un sens ou dans un autre. L'environnement joue un rôle prépondérant dans le devenir de la pulsion érotique.

C'est toute la différence entre le petit d'homme et l'animal. Ce dernier se développe selon un schéma programmé à l'avance et immuable. Pas si immuable que ça semble-t-il, puisque les travaux récents des éthologues [1] ont montré que les animaux étaient susceptibles eux aussi de déviations, d'angoisse et de névroses à l'instar des humains.

La différence entre eux et nous vient de ce que leur

1. Ethologie: science qui étudie le comportement des animaux sur le terrain.

marge de liberté est beaucoup plus étroite que la nôtre, de sorte qu'ils ont moins de risques d'erreur et que d'ailleurs, les erreurs dans le monde animal ne leur permettent pas de survivre, elles sont tout de suite sanctionnées.

Nous avons donc, nous les humains, une marge de liberté plus grande, espace de la culture, qui est aussi, en contrepartie, espace de tous les errements possibles. D'où une incertitude sur notre identité. Non seulement, qui suis-je, mais encore, suis-je un homme ou une femme ?

Cette quête de l'identité, cette incertitude a été très bien mise en relief dans un roman de Tahar Ben Jelloun, *L'enfant de sable*. Ce livre a la forme d'un récit comme ceux que racontaient autrefois les conteurs sur la place Djema el Fna à Marrakech — je ne sais pas s'ils le font encore. C'est l'histoire d'un père qui n'avait eu que des filles pour sa plus grande honte et son désespoir, si bien qu'un beau jour, lorsque sa femme devint enceinte de nouveau, pour la huitième fois, il décida que ce serait un garçon quel que soit le sexe du nouveau-né. Naturellement, ce fut une fille. Mais, avec la complicité d'une vieille sage-femme dont il acheta le silence et qui se chargea de l'accouchement, rien ne transpira du secret qu'il était décidé à maintenir envers et contre tout.

La petite fille reçut donc le nom d'un garçon et de grandes réjouissances eurent lieu à cette occasion. Elle fut élevée comme un fils et grandit comme tel, sans encombre, jusqu'à l'adolescence où les choses se compliquèrent du fait des modifications que son corps subissait, qui étaient d'autant plus troublantes pour lui/elle qu'elles étaient incompréhensibles. Un doute s'installe alors en lui qui le rend étranger à lui-même.

Pendant ce laps de temps très long qui s'écoule de la

naissance du petit d'homme à la puberté, entre le moment où il est totalement dépendant et celui où il devient autonome et capable de prendre place au milieu de ses pairs, l'environnement pèse de tout son poids sur l'enfant pour le pousser dans une direction ou dans une autre, infléchissant jusqu'à son identité sexuelle comme le montre d'une façon quasi caricaturale, ou plutôt, comme sous l'effet d'un miroir grossissant le livre de Tahar Ben Jelloun où nous voyons un père agir son désir jusqu'à imposer à sa fille cette comédie tragique qui la condamne au travesti, lui interdisant à tout jamais de savoir qui elle est.

Naturellement, la fiction romanesque ne s'embarrasse pas de vraisemblance. On voit mal, en effet, comment le secret de l'anatomie de cet enfant a pu être gardé jusqu'à ce qu'il devienne adulte. Mais cela n'a aucune importance car le propos de l'auteur n'est pas là. Son propos c'est, au travers d'une fable poétique, la quête de l'identité d'une part et, d'autre part, de montrer combien a d'importance le désir des parents. En particulier, ici, celui du père, dans le sentiment que les enfants auront d'eux-mêmes.

La difficulté, lorsqu'on parle de désir, c'est de comprendre qu'il s'agit moins de désir conscient que de désir inconscient. On peut toujours se débrouiller avec le premier, soit en s'y opposant si on en est l'objet, soit en le refrénant si on en est l'agent. Du second, par définition, nous ne savons rien, alors comment ne pas lui obéir?

De là vient peut-être, l'impression d'être soumis à la fatalité et d'être pris dans les mailles du réseau familial tissé par le désir auquel nous ne saurions échapper.

Ce qui apparaît au grand jour dans le récit de Tahar Ben Jelloun, ne nous y trompons pas, c'est la radiographie du désir d'un père, c'est l'histoire symbolique de ce désir et de son effet sur l'enfant.

Si dans la littérature psychanalytique on a beaucoup parlé de la relation mère-enfant et de ses effets mortifères sur ce dernier en l'absence d'un père reconnu par la première, on a, semble-t-il, bien peu parlé des liens également néfastes, qui peuvent s'instaurer entre un père et son enfant quand la mère est court-circuitée comme dans le récit de Tahar Ben Jelloun où elle n'existe pas. Elle n'a qu'à obéir et à se conformer aux ordres de son mari, de sorte que la petite fille est livrée sans défense au projet du père qu'elle soit son double, lui assurant ainsi une sorte d'immortalité.

La fille entre dans le jeu du père, elle y reste même lorsque parvenue à l'adolescence, son corps lui donne un démenti formel : « tu es un garçon » dit le père, « tu es une fille » lui dit son corps, mais elle n'ose pas l'écouter. Elle hésite à reconnaître son propre désir. Elle se bouche les oreilles et soutient l'imposture jusqu'au mariage qui est aussi une provocation, elle se met au pied du mur. Sommée alors de prouver l'impossible, elle résout la difficulté dans laquelle elle s'est mise par la fuite et l'errance. L'éternelle errance de celle qui ne sait pas qui elle est. Mais le savons-nous quand nous avons jeté par-dessus bord tous les artifices sociaux qui nous tiennent debout. Combien parmi nous le savent? Je pose la question.

Et là, je pense au livre de Bruno Bettelheim, *Le Cœur conscient* où il parle de ces gens dont la personnalité se désagrégeait dès qu'ils étaient réduits à eux-mêmes, dépouillés de leur fonction qui leur tenait lieu d'identité.

J'avais remarqué depuis longtemps, en dessinant, ma difficulté à pousser un dessin au-delà de l'esquisse. Au piano, je retrouvais exactement le même défaut. Je pouvais déchiffrer rapidement un morceau, mais j'étais incapable de le jouer proprement. Au bout d'un moment, je ne savais plus que faire pour l'améliorer, exactement comme je laissais un dessin ou une aquarelle inachevés parce que je ne voyais plus ce qu'il fallait décider pour aller plus loin. Apparemment, je trouvais ce barrage dans tous les domaines que j'abordais. Je l'avais constaté sans arriver à en comprendre la cause qui devait, bien sûr, se cacher quelque part dans l'inconscient, mais je ne savais pas, là non plus, comment m'y prendre pour la trouver ou peut-être, n'avais-je ni le courage, ni la patience d'y réfléchir suffisamment.

Aujourd'hui, en écrivant ces lignes sur l'identité, je me demandais s'il n'y avait pas un rapport quelconque entre la recherche de l'identité et le fait d'être incapable d'aboutir à une totalité.

Si mon hypothèse était juste, il fallait chercher du côté des racines de l'identité, c'est-à-dire des éléments qui lui avaient permis de se constituer, afin de comprendre ce que cette difficulté voulait dire. Que voulait-elle exprimer, de quelle faille témoignait-elle, ou encore, à quoi servait-elle? Elle m'apparaissait comme une fuite devant la réalisation de soi. Mais alors, que pouvait représenter le fait d'aboutir à quelque chose de fini?

Evidemment, la réponse qui venait spontanément à l'esprit était: devenir une grande personne. Ce sont les enfants qui parlent ainsi des adultes, remarqué-je en passant. Une autre question venait immédiatement à la suite, à laquelle je ne savais pas répondre: y avait-il un danger ou un interdit à devenir adulte? Interdit qui faisait qu'on s'arrêtait à mi-chemin, incapable d'avancer ni de reculer comme si un invisible obstacle se dressait devant nous, qui ressemblait étrangement au dragon du seuil dont parle la Tradition. Ce n'était pas la première fois que j'étais frappée de l'analogie que la démarche psychanalytique présentait avec celle qui conduisait sur le chemin initiatique ou encore avec les contes où le héros doit triompher de toutes sortes de dangers.

Finalement, il me semblait que la recherche de l'identité se confondait avec une lutte entre les forces qui nous poussaient à nous réaliser et celles qui voulaient seulement que nous retournions dans le giron maternel, bien à l'abri ; les deux mouvements nous faisant aussi peur l'un que l'autre, parce que l'un menait à l'immobilité et à la mort, l'autre à nous trouver confrontés à notre impuissance à maîtriser quelque chose de trop violent, de trop fort qui risquait de nous submerger, de nous écraser ou de nous mordre.

La cohérence de la personnalité et la capacité de mener un travail jusqu'à son terme me semblent aller de pair. Ainsi, chaque fois que l'on accomplit une tâche de façon satisfaisante, on accomplit aussi quelque chose qui renforce le Moi. Mais, à l'inverse, le sentiment que l'on a de soi influence cette capacité de faire et d'aller jusqu'au bout sans se laisser submerger par le doute.

Ici on retrouve l'importance des parents et de leur rôle dans la formation de la personnalité de l'enfant, puisque ce dernier puise dans le regard des autres, de ces premiers autres que sont les parents, le sentiment qu'il aura de lui-même et de sa propre valeur.

L'âge, l'expérience, les événements de la vie viendront bien sûr modifier ce sentiment, contribuant à l'effacer ou à le conforter. Pourtant, fondamentalement, il restera le même, prêt à resurgir tel que nous l'éprouvions quand nous étions petits, lorsque ces adultes que nous aimions pouvaient, à leur gré, nous transporter de joie ou nous accabler de chagrin et de honte.

Autrement dit un enfant dont on aura respecté la croissance, ne lui imposant pas trop tôt des tâches qu'il ne peut encore assumer, à qui l'on aura évité les situations d'échec, qu'on aura félicité de ses succès car « flatter, quand on ne le fait pas avec excès et jusqu'à l'affadissement est utile à qui l'on flatte, accroît son amour-propre, sa tension, sa capacité de production », cet enfant aura fait provision de confiance en lui et sera moins enclin à la dépression.

Il y a en effet, dans cette réflexion de Musil, une idée intéressante à savoir, que la tension psychique, l'énergie en somme dont un individu a besoin pour agir, provient en grande partie des autres et des encouragements qui lui ont été prodigués par eux, en particulier durant cette période précoce de la vie où tout s'imprime si profondément.

Plus tard, dans sa vie adulte, leur approbation lui sera plus ou moins nécessaire en raison de la quantité de satisfactions narcissiques reçues dans l'enfance.

Celles qu'une petite fille a reçues de son père lui seront précieuses pour soutenir le sentiment qu'elle aura d'elle en tant que femme.

La certitude de son identité sexuelle contribue dans une large mesure à donner confiance en soi. C'est pourquoi un père qui se sert de sa fille pour combler son manque à être comme nous le voyons dans le livre de Tahar Ben Jelloun, l'empêche de vivre pour son propre compte et de donner le pas aux forces créatrices sur celles qui la font stagner.

Il ne s'agit pas de création au sens artistique, mais au sens de créer sa propre vie, lui conservant son goût en dépit de l'usure du temps et de l'habitude. Cela réclame une inépuisable faculté d'adaptation, et le recours à l'imagination, à tout ce qui donne de l'épaisseur aux choses. Dès lors, chaque instant, chaque objet s'anime, la vie ne se réduit plus à une suite d'événements plats et mornes sans liens entre eux qui donne ce sentiment d'absurdité.

L'enfant doit pouvoir se regarder dans le miroir que lui tend son père sans s'y perdre. Elle y trouve alors le réconfort dont son narcissisme a besoin pour être sûre qu'elle est une femme et qu'elle peut plaire.

Que deviennent celles à qui a manqué ce miroir où leur féminité se définit ? Celles qui ont perdu leur père, comme Eva ou Camille, celles dont le père n'a pas eu de regard pour elles comme Sarah, enfin tous ces pères qui, pour une raison ou une autre, sont défaillants, qui ne peuvent être ni un modèle ni un appui, pour lesquels elles n'éprouvent parfois que de la honte, comme Linda Schierze Leonard qui décrit dans son livre *La femme blessée* tout le chemin qu'elle a dû parcourir pour surmonter la mauvaise image d'un père alcoolique sur lequel elle n'avait pu prendre appui.

Eva et Camille, elles, n'ont pas eu à réparer en elles l'image blessée d'un père déchu, mais au contraire, à dépasser celle d'un père idéal, idéalisé. Car comment trouver un homme qui puisse jamais faire le poids de celui que la mort a paré de toutes les qualités, qui ne pourra jamais perdre les attributs que lui a conférés le petit enfant pour qui il reste un personnage mythique ?

De toute façon, quelles que soient les raisons de l'absence du père, l'enfant est privé des échanges, des jeux et des joutes entre père et fille qui permettent à celle-ci de faire ses premières armes de femme. Elle est surtout privée de la confiance en elle-même et en les hommes qui vient de cette entente entre père et fille, quand celle-ci a appris d'expérience qu'elle pouvait faire fond sur le premier homme de sa vie. Elle n'est sûre ni d'elle-même, ni de l'autre, n'ayant jamais eu l'occasion d'acquérir ce supplément de narcissisme qui «fait ce goût de femme heureuse et qu'on approche[1] ».

1. Saint-John Perse, *Amers*.

LES NOUVEAUX PÈRES

Je regarde un jeune ami changer sa petite fille qui vient d'avoir un an. Elle agite les jambes, elle rit en entendant la voix de son père, elle semble prendre grand plaisir à être le derrière à l'air. C'est un moment de joyeux échange entre eux deux.

On distingue sur le visage du père une grande tendresse teintée d'un très léger dégoût devant la couche sale et la nécessité d'essuyer les petites fesses qui se tortillent gaiement devant lui.

Cela me fait penser au *Hussard sur le toit* de Giono, à ce merveilleux passage où le héros soigne la femme qu'il aime atteinte du choléra, quand l'amour prévaut sur le dégoût.

Je n'oublierai jamais non plus un autre jeune père qui portait triomphalement sa petite fille nouveau-née sur son ventre, dans cette espèce de sac qui le faisait ressembler à un kangourou. Il la portait avec autant de plaisir et de fierté que certaines femmes en mettent à porter leur gros ventre de femelle gravide.

Le même, quelques années plus tard, sachant que j'écrivais sur la relation père-fille, me dit : « Moi j'embrasse mes filles sur la bouche ; honni soit qui mal y pense», ajoute-t-il avec une sorte de défi qui signifie: «Quoi que vous puissiez dire, vous les psychologues, j'agis comme j'en ai envie, peu importe ce que vous en pensez.» Je ne réponds pas, ne sachant d'ailleurs que penser.

J'évoque dans ma tête les jeunes hommes que je connais, je les vois jouer avec leurs enfants et se pencher sur eux avec amour, leur donner le biberon avec une patience qu'on ne s'attend pas à rencontrer chez un homme. Je revois l'un d'entre eux poser son fils sur son avant-bras d'un geste si juste que le bébé hurlant se calme aussitôt. N'aurait-on pas dit qu'un instinct lui dictait exactement ce qu'il fallait faire?

Il y a toujours eu de ces pères tendres qui n'hésitaient pas, en dépit de la coutume qui le leur interdisait, à s'occuper de leurs enfants nouveau-nés. Des pères qui ont bercé, câliné, changé, nourri. Des hommes qui ne craignaient pas de perdre leur image virile; sans doute parce qu'ils étaient suffisamment sûrs de leur identité sexuelle pour n'avoir pas besoin des signes extérieurs qui la renforcent.

Il ne faut pas confondre en effet, identité sexuelle et image virile: celle-ci que l'homme donne à voir aux autres ne correspond pas toujours à ce qu'il ressent, à ce qu'il se sent au fond de lui. Ainsi chez certains hommes le comportement hyper-viril ne sert parfois qu'à masquer un doute intérieur profond quant à leur identité masculine.

Les hommes, suffisamment libres à l'égard de cette image sociale pour agir comme ils en avaient envie avec leurs enfants, pour s'y autoriser, étaient des cas isolés, la majorité se conformant à ce qu'on leur avait enseigné. On n'en parlait pas car ils ne menaçaient en rien la famille telle qu'elle était alors constituée. Que quelques hommes se comportent ainsi à l'intérieur de leur vie privée ne venait rien remettre en question et eux-mêmes n'y songeaient pas.

Ce qu'il y a de nouveau depuis quelques années c'est moins le comportement concret des pères avec leurs enfants en bas âge que l'évolution des esprits qui a permis qu'il en soit ainsi. Le regard que la société porte sur eux n'est plus le même. Le parangon de l'homme viril n'est plus à la mode et le plus « macho » se défend de l'être.

Cette évolution a été provoquée par toutes sortes de facteurs dont ce n'est pas le lieu de parler ici. On peut juste en évoquer les principaux: travail des femmes consécutif aux bouleversements qui ont suivi les deux guerres mondiales; développement rapide des sciences qui ont permis aux femmes de maîtriser leur fécondité si elles le souhaitaient. Elles accédaient ainsi à une liberté qu'elles n'avaient jamais connu jusque-là.

Les nouveaux pères sont-ils un épiphénomène de cette évolution? Epiphénomène ou phénomène essentiel? Evolution ou involution? La société avec la prédominance du modèle patriarcal a produit des structures psychiques spécifiques, aussi est-il tentant de croire qu'en modifiant le modèle on modifiera les structures. Autrement dit qu'on modifiera la société.

Pendant des siècles les hommes n'ont pas été habitués à s'occuper des bébés, en particulier de nouveau-nés. Soudain ils s'en découvrent et la compétence et le goût, montrant par là combien l'embarras de nos gestes provient de ce qui se passe dans nos têtes plutôt que d'une véritable gaucherie. Il suffit d'ailleurs de penser à l'habileté des chirurgiens qui avec leurs mains d'hommes font des travaux de dentelière, ou encore aux pédiatres, pour s'en rendre compte. Seuls la crainte ou le manque d'intérêt, voire les deux à la fois, le second masquant parfois la première, rendent maladroits. Ici le sentiment ou la conviction qu'un bébé était une affaire de femme qui ne les regardaient pas.

Il semble en effet que les hommes aient perdu leur peur de casser l'enfant avec leurs grosses pattes et leur soi-disant maladresse, en même temps qu'ils perdaient leur statut de paterfamilias. Beaucoup de pères d'aujourd'hui, au moins ceux qui appartiennent à cette frange de population qui capte l'air du temps, partagent ainsi les tâches qu'impose un bébé : ils baignent, langent, caressent, donnent le biberon.

Aurait-on vu autrefois un homme pousser un landau dans la rue ? Certains y trouvent un évident plaisir. Celui d'abandonner un rôle contraignant qui les écartait des joies simples de la paternité, j'allais dire de la maternité, tant les soins aux tout-petits sont inséparables d'une image féminine.

Les hommes découvrent que le bébé n'est pas simplement ce tube digestif auquel le réduisaient tant d'entre eux.

Dans la littérature psychologique jusqu'à ces dernières années, on ne trouvait guère de place pour le père (sauf chez les lacaniens). Tout l'accent était mis sur le rôle de la mère, à se demander comment les femmes osaient encore mettre des enfants au monde !

Après cette longue et minutieuse exploration dirigée sur elles, l'éclairage se déplace sur la personne du père mais, comme le dit Françoise Dolto : « Les modes vont d'un extrême à l'autre. En matière éducative elles sont dangereuses. Trop longtemps exclu par les pédiatres du couple mère-enfant, le père revient en force et au moment où les mères commencent à découvrir leur bébé comme être de langage, voilà que papa-poule érotise à son profit la relation à son enfant et qu'il commet l'excès d'attouchements et de caresses des mères possessives. » Bien entendu tous les nouveaux pères ne tombent pas dans cette erreur, de même que toutes les mères n'étaient pas des mères castratrices et dévorantes. Simplement les risques de ces comportements néfastes sont ainsi multipliés par deux pour l'enfant obligé de subir.

Jusqu'à présent, d'une façon générale, à la mère appartenait le contact étroit et charnel avec le bébé, partie d'elle-même, fait de sa peau, de son sang, de ses humeurs ; au père la parole, c'est-à-dire un contact médiatisé, plus distant, plus lointain avec son enfant, l'arrachant au gynécée pour lui ouvrir le monde. Si le père vient doubler le rôle de la mère, que va-t-il advenir à l'enfant, en particulier à la petite fille ?

Le garçon doit se détacher de sa mère pour aimer une autre femme mais son objet d'amour ne change pas de sexe. Cela rend son développement sexuel moins aléatoire en principe. Dans certains cas cependant, il lui est difficile de se détacher de celle avec laquelle il a eu une relation aussi intime, aussi chargée d'affectivité pendant les années où tout s'inscrit si profondément dans la mémoire de l'enfant, celle du corps comme celles du cœur et de l'intelligence.

La fille a, quant à elle, à parcourir un autre trajet puisqu'elle doit déplacer ses investissements libidinaux sur une personne de l'autre sexe pour accéder à une vie sexuelle et affective normale. Il faut donc qu'elle effectue un double renoncement : tout d'abord renoncer à sa mère, exactement comme le garçon et ensuite à son père.

Dans l'un et l'autre cas, le père, lorsqu'il joue son rôle d'homme auprès de sa femme, ou mieux, lorsqu'il est reconnu par celle-ci comme tel, intervient pour séparer la mère de ses enfants ; il est celui qui leur enlève la mère sans qu'il leur soit permis de protester: c'est son droit.

Dans l'univers confus et moite, chaotique et charnel de l'effusion sentimentale, le père introduit l'ordre, autrement dit le principe de réalité.

Comment les enfants pourront-ils jamais devenir autonomes, ou du moins à quelles difficultés ne se heurteront-ils pas, si les deux parents ont avec eux des relations trop fusionnelles? Comment pourront-ils se construire une identité sexuelle s'il y a confusion ou indifférenciation entre le père et la mère, puisqu'encore une fois nous nous posons comme être sexué face à la différence de l'autre?

Un aspect important de la personnalité réside dans la différenciation sexuelle. De là sans doute l'impression « d'inquiétante étrangeté » qui nous saisit devant certains travestis: nous ne savons pas qui ils sont et de ce fait, de façon très fugitive, nous ne savons plus nous-mêmes qui nous sommes. C'est une impression fugace au niveau du ressenti et non de la conscience.

Enfin l'érotisation du corps de la fille par le père, par une personne du sexe opposé, peut-elle lui faciliter ses rapports ultérieurs avec les hommes ou au contraire les lui rendre plus difficiles?

Le rapprochement du père avec sa fille quand elle n'est encore qu'un nourrisson, cette intimité plus grande peuvent-ils déboucher sur un meilleur équilibre de celle-ci ou au contraire sur une augmentation des conflits de la haine et de l'amour à l'intérieur de la famille?

Autant de questions auxquelles il est difficile de répondre. On ne dispose pas d'un recul suffisant qui permettrait d'y voir un peu plus clair. Chacun réagit en fonction de son cadre de références, de ses propres expériences, de son âge, de ses inhibitions, de ses craintes et de ses désirs inconscients, de sorte qu'il est bien difficile de faire la part des choses. On voit bien que tout est lié : rapports parents-enfants mais aussi mari et femme, hommes et femmes.

Les rôles autrefois bien définis ne le sont plus, ce qui provoque des incertitudes, des insatisfactions, des déceptions, des rivalités, des jalousies, le sentiment angoissant de ne plus savoir ce qu'on doit faire ni peut-être qui on est.

Quelles seront les répercussions de ces incertitudes sur les enfants et sur la construction de leur personnalité ? Nous n'en savons rien.

Certains pourraient objecter que la réticence à l'égard des « nouveaux pères » provient de la jalousie : quoi, cette relation privilégiée aux tout-petits deviendrait aussi la leur ! Quoi, ce domaine réservé des femmes serait maintenant ouvert aux hommes ! L'univers féminin, ce continent noir dont parlait Freud leur deviendrait accessible !

Ne voilà-t-il pas que les hommes assistent à l'accouchement. Ils y participent, ils pouponnent. La possibilité de porter eux-mêmes un enfant n'appartient plus seulement à la science-fiction [1]. Que deviendra alors la différence entre les sexes ?

Pour Aldo Naouri [2] il ne fait aucun doute cependant que le père doit rester à sa place de père. C'est-à-dire celle d'instance interdictrice, la place de celui qui dit non, dût-il lui en coûter.

Pour cela, ne faut-il pas qu'il conserve une certaine distance et une position différente de celle de la mère au sein de l'organisation familiale ?

1. L'un est l'autre, Elisabeth Badinter, éd. Odile Jacob.
2. Aldo Naouri, pédiatre.

Certains au contraire comme Lilian Rubin [1], pensent que la position de patriarche du père perpétuait des attitudes infantiles de dépendance et de soumission chez la femme, de sorte qu'une relation adulte ne pouvait s'instaurer dans le couple avec toutes les répercussions que cela pouvait avoir sur les enfants.

En outre la position de pouvoir de l'homme favorisait certains abus comme l'inceste [2].

Mais qu'on oppose père traditionnel et « nouveau père », en définitive n'est-ce pas l'homme seul qui compte sous quelque déguisement que lui imposent la mode et/ou les mouvements de l'histoire ?

Les relations de la fille avec son père dépendent beaucoup plus, me semble-t-il, de ce qu'il est, de sa capacité à s'interroger sur lui-même, de son sens des responsabilités, de son respect de l'enfant, bref de sa capacité d'être une personne et non un simple individu, plutôt que de ses choix idéologiques.

Croire que les névroses disparaîtront avec la famille traditionnelle même si celle-ci leur fournissait un terrain favorable dont le récit de Fritz Zorn fournit une illustration tragique [3], paraît bien illusoire.

---

1. Lilian Rubin, psychologue américaine, auteur de *Des étrangers intimes,* éd. Laffont, 1986.

2. Des études récentes faites aux Etats-Unis, montrent que dans les familles traditionnelles le pourcentage d'incestes s'élève à 15 % tandis que le taux est nul dans les familles « à nouveaux pères ».

3. Fritz Zorn, auteur de *Mars,* récit autobiographique, Gallimard.

VA, MAINTENANT TU POURRAS REGARDER LA LUNE

Au terme de cette Odyssée qui va conduire notre petite fille jusqu'à l'âge adulte, lorsqu'elle aura réussi à franchir tous les obstacles placés sur son chemin, par l'amour ou le non-amour, par la présence ou l'absence du père, par la culpabilité et la haine, lorsqu'elle aura peut-être réussi — mais a-t-on jamais fini ? — à atteindre les eaux plus calmes de la maturité et de l'autonomie enfin conquise, elle pourra renouer avec son père une relation idyllique, qu'il soit ou non encore en vie, qu'il ait été ou non présent. Elle ne se sentira plus blessée par son indifférence ou son manque d'amour, ni heurtée par ses exigences, ni coupable de ne pas répondre à ses demandes d'amour trop fortes. Elle acceptera au besoin de décevoir ce père pour être simplement elle-même, sans s'efforcer à tout prix d'être fidèle à l'image qu'il se faisait d'elle, sans chercher à correspondre à ce que, lui, désirait qu'elle fût. Elle a appris à discerner son propre désir, à ne plus le confondre avec celui des autres, ces autres premiers que sont les parents. Elle peut enfin s'en détacher à la façon d'un artiste qui a travaillé durant des années dans l'atelier d'un maître, lequel lui a appris le métier — merci mon maître — et qui, peu à peu, se dégage de son influence pour devenir lui-même, sans pour autant rejeter tout ce qu'il tient de lui. Il y a alors intégration, assimilation, et, en quelque sorte, re-création à partir des possibilités et des moyens donnés, car le père oppresseur et le père initiateur sont parfois réunis dans le même homme.

Cette fille devenue femme n'aura plus besoin de révoltes ou de récriminations, de revendications ni même d'approbation car elle aura acquis un sentiment d'identité suffisamment solide pour ne pas se sentir démolie par la moindre critique exprimée ou seulement pressentie. Non seulement venant de son père, mais venant de tous les représentants de l'autorité qui lui succèdent. Réconciliée avec elle-même, avec les autres, avec ce père trop aimé ou haï, ou au contraire indifférent — qu'y a-t-il de pire que l'indifférence, masque de l'amour déçu, de l'amour qui n'a pas trouvé d'objet pour le satisfaire? — Avec ou sans père, il faut trouver le moyen de vivre. Un père trop présent, quel handicap! Un père absent, quel handicap! Au bout du compte, les deux situations ne se rencontrent-elles pas? Il y a toujours un père quoi qu'on en veuille. J. Hillmann[1] dit: « Qui n'a pas de père est obligé de devenir son propre père, de créer son propre modèle de comportement devenant ainsi l'héroïque créateur de lui-même. » Mais celui qui a un père a parfois bien du mal à se détacher de son modèle pour trouver sa propre forme.

Certes il n'est pas facile de n'avoir pas de père; il n'est pas facile non plus d'en avoir un s'il est trop pesant ou possessif ou si, en raison de limites qui lui sont personnelles, il ne respecte pas la liberté de son enfant. Ou si,

---

1. Psychanalyste jungien.

comme le père de Linda Schierse Leonard[1], il lui fait honte. Il n'y a rien de plus accablant pour un enfant que de rougir de ses parents, d'autant plus qu'il se sent coupable d'éprouver un tel sentiment. Il ne peut s'estimer lui-même. Lui aussi doit alors devenir « l'héroïque créateur de lui-même », avec peut-être encore plus de difficultés que celui qui n'a pas eu de père du tout. Tant il est difficile de se débarrasser de ce magma de sentiments contradictoires que des parents « humains, trop humains » ont suscité à l'intérieur de nous, qui continue de nous habiter longtemps après que ceux-ci ont disparu de notre vie.

1. Linda Schierse Leonard.

« Ne laisse pas le soin de gouverner ton cœur à ces tendresses parentes de l'automne. »

René CHAR

J'étais revenue à la campagne terminer ce livre comme je l'avais commencé, devant ce paysage que nous avions regardé ensemble et qu'il aimait tant.

La nuit était tombée. Une de ces nuits chaudes de juillet, où l'air vous enveloppe comme une caresse : « Un soir couleur de scille et de scabieuse[1]. »

Je me souviens de soirs comme celui-là, où nous partions tous les deux dans les champs. Il me racontait des histoires, me nommait les étoiles ou me disait un poème. Parfois, nous nous asseyions, bien appuyés contre une meule, et nous restions longtemps silencieux à regarder le ciel, contents de partager le même amour de la terre, de la nuit paisible, des monts qui fermaient l'horizon à l'ouest et du bois de chênes. Puis, à un moment, nous nous levions d'un accord tacite, rompant le sortilège en

1. Saint-John Perse, *Amers*.

échangeant quelques mots banals qui laissaient intact le sentiment d'avoir vécu des instants privilégiés.

Le bois a été abattu, la maison est abandonnée, les lames des volets manquent, la peinture s'écaille, la toiture s'affaisse par endroits, une sorte de lèpre ronge la façade qui fut jaune autrefois, et qui maintenant a l'air sale et triste. Cette maison qui fut pleine de rires et de chansons, de cris et de disputes, a pris l'allure d'une vieille femme décharnée.

On ne verra plus son cheval dans le pré, ni le petit taureau couleur de feu qu'on appelait Gaston, ni la vache Magali.

Passent les années. Je suis plus âgée maintenant qu'il ne l'était, lui, à l'époque où nous habitions cette maison. Il faut que je fasse un effort pour m'en rendre compte.

Si je ferme les yeux, des images de mon père se mettent à défiler comme celles d'un film. Elles se bousculent, se télescopent, les unes très anciennes, les autres plus récentes : mon père à cheval ou en train de lire, ce sont celles qui sont le plus nettes, sans doute parce que c'était ses deux occupations préférées en dehors de son travail dont nous ne savions rien.

Des chansons qu'il m'a apprises me trottent dans la tête restituant et l'endroit et l'ambiance exacts du moment où nous les chantions. Hier j'ai retrouvé soudain un poème qu'il aimait et que j'avais complètement oublié. En le récitant, je voyais son visage, l'émotion qui l'animait alors et qu'il nous transmettait. Ainsi je ne puis penser aux vers fameux de Victor Hugo sur Waterloo, sans entendre la voix de mon père, sans sentir l'odeur de la poudre, sans voir s'agiter dans l'ombre un amas confus d'hommes et de chevaux abattus et le sang couler des blessures béantes, l'éclat des sabres brandis. Pourtant il n'aimait pas Victor Hugo. Peut-être avait-il appris ce passage à l'école et s'en souvenait-il comme je m'en souviens à présent. Pouvait-il se douter que l'imagination d'une petite fille en serait marquée pour toujours.

Qu'est-ce qui dirige notre mémoire dans le choix des images qu'elle retient ?

Avant de monter me coucher, je suis allée dans le jardin. Les étoiles brillaient très haut dans le ciel. C'était le même ciel, exactement le même que celui que nous regardions ensemble il y a si longtemps. Beaucoup de choses ont changé, sauf la nuit. J'ai vu trois étoiles filantes et j'ai entendu mon père dire qu'elles étaient encore plus nombreuses au mois d'août, en particulier le 9, à la Saint-Laurent. Pendant un instant j'ai eu le sentiment d'une présence auprès de moi et j'ai souri. Peut-être l'a-t-il vu. Il sait que je veille et que je parle de lui.

La maison silencieuse s'est remplie de fantômes. Ce n'est plus la même qu'autrefois mais c'est une de ces solides maisons auvergnates qui cachent leur charme derrière des façades austères, à la façon des villas florentines, toutes proportions gardées naturellement. Il ne la désavouerait pas.

Je n'ai plus envie d'aller me coucher de peur de faire disparaître...

Là, je ne sais pas très bien quoi dire : de faire disparaître une présence, des souvenirs, une émotion, quelque chose d'indéfinissable qui s'est mis à palpiter et à vivre à cause de cette nuit d'été si belle, du silence qui m'appartient, à moi toute seule, tandis que les autres dorment, à cause des étoiles qui sont les mêmes que celles que je contemplais avec mon père dans les nuits d'autrefois.

Cette permanence des choses me donne un sentiment de continuité, pourtant je sais bien qu'à d'autres moments elle paraît cruelle comme l'indifférence d'un être aimé.

Mais, ce soir, il y a une sorte de sérénité grâce au beau temps.

Peut-être aussi parce que j'arrive au bout de ma tâche.

J'ai l'impression de finir un voyage où j'ai laissé mon père au seuil de l'empire des morts — c'est tout à fait les termes qu'il aurait employés, avec un léger rire pour montrer qu'il ne se prenait pas au sérieux — ces mots me sont dictés par un rêve que je fis il y a quelque temps, de ceux qui ne s'effacent pas et qu'on raconte au petit déjeuner, encore tellement hanté par leurs images qu'on ne sait plus s'il s'agit d'un rêve ou de la réalité.

Je voyais mon père debout contre la masse sombre des nuages, par une nuit de grand lune et de grand vent. Il m'avait envoyé un télégramme pour me rassurer sur son sort et maintenant il se dressait là, comme pour un dernier adieu.

Il ne faisait pas de doute pour moi que ce rêve m'autorisait à écrire.

J'allais dorénavant apprivoiser la feuille blanche sans effort, comme si on pouvait changer d'un seul coup, simplement parce qu'on fait un rêve, un grand rêve libérateur où disparaît le dieu de notre enfance.

Mais les habitudes qu'ont prises le corps et l'esprit depuis tant d'années ne s'effacent pas en un jour. Il y a des plis qui marquent le tissu de telle façon qu'ils en ont altéré la structure, rien à faire pour les enlever, même en les repassant avec une pattemouille et un fer bien chaud. Trop tard ma petite!

Ainsi se fait entendre la voix insidieuse qui se tapit au fond de moi, crachant son eau glacée de grimaçante gargouille sur l'allégresse, sur l'espoir, sur l'enthousiasme, me tirant en arrière: à quoi bon, tu n'es bonne à rien, tu ne vaux rien, tu ne seras jamais à la hauteur!

Pourtant l'impression de soulagement que ce rêve m'a

procuré, persiste en dépit d'elle. Je sais qu'il m'a ouvert une porte, que rien n'est jamais trop tard. Ce n'est pas le temps qui compte mais l'intensité de ce que l'on vit.

Des nuages poussés par le vent commençaient à effacer la silhouette de mon père, je la regardais s'éloigner, cette figure qui avait eu autrefois un tel pouvoir sur ma vie, comme on regarde sur une scène les acteurs d'un drame dont l'action et le dénouement étaient écrits au départ. Rien n'aurait pu être différent. Il suffisait de laisser se dissoudre cette image dans la brume.

Avant de disparaître mon père se tourne encore vers moi et dit : « Va, maintenant tu pourras regarder la lune. »

BIBLIOGRAPHIE

BALINT M., *Le défaut fondamental*, Payot, 1971.
CASTETS B., *L'enfant fou*, Fleurus, 1969.
DEUTSCH H., *La psychologie des femmes*, PUF, 1953.
DEVEREUX G., *Femmes et Mythes*, Flammarion, 1982.
DOLTO F., *L'Image inconsciente du corps*, Seuil, 1984; *La cause des enfants*, Laffont, 1985.
FANTI S., *Jusqu'où aimer vos enfants*, Buchet-Chastel, 1985.
FLANDRIN J.L., *Familles*, Hachette, 1976.
FREUD S., *Malaise dans la civilisation*; *La vie sexuelle*, PUF, 1969; *Trois essais sur une théorie de la sexualité*; *Etudes sur l'hystérie*, PUF, 1975; *Inhibition, symptômes et angoisse.*
FRIDAY N., *Ma mère, mon miroir*, Laffont, 1979.
GRUNBERGER B., *Le narcissisme*, Payot, 1971.
KHAN Masud, *Le soi caché*, Gallimard, 1974.
KLEIN M., *La psychanalyse des enfants*, PUF, 1969.
KOHUT H., *Le soi*, PUF, 1974.
LABORIT H., *Eloge de la fuite*, Laffont, 1974.
MILLER A., *Le drame de l'enfant doué*, PUF, 1983; *C'est pour ton bien*, Aubier, 1984.
MILNER M., *Les mains du dieu vivant*, Gallimard, 1974.
MITSCHERLICH A., *Vers la société sans pères*, Gallimard, 1969.
MITSCHERLICH M., *La fin des modèles*, Des Femmes, 1983.
PACKARD Vance, *Nos enfants en danger*, Calmann-Lévy, 1984.
POTAMIANOU A., *Les enfants de la folie*, Privat, 1984.
RAIMBAULT G., *L'enfant et la mort*, Privat, 1976.
ROSOLATO G., *Essais sur le symbolique*, Gallimard, 1966.
ROUSTANG F., *Elle ne nous lâche plus*, éd. de Minuit.

RUBIN L., *Des étrangers intimes*, Laffont, 1986.
SALOME L. A., *L'amour du narcissisme*, Gallimard, 1980.
SOLIE P., *La femme essentielle*, Seghers, 1980.
WINNICOTT D., *De la pédiatrie à la psychanalyse*, 1969.
ZORN F., *Mars*, Gallimard, 1979.

La photocomposition de cet ouvrage
a été réalisée par
Graphic Hainaut SARL
59690 Vieux-Condé
☎ 27.25.04.64

ACHEVÉ D'IMPRIMER
EN DÉCEMBRE 1987
SUR LES PRESSES
DE
L'IMPRIMERIE
CARLO DESCAMPS
59163 CONDÉ-SUR-L'ESCAUT
POUR LE COMPTE DES ÉDITIONS
ROBERT LAFFONT

Dépôt légal: septembre 1987
N° d'édition: 30926
N° d'impression: 4956